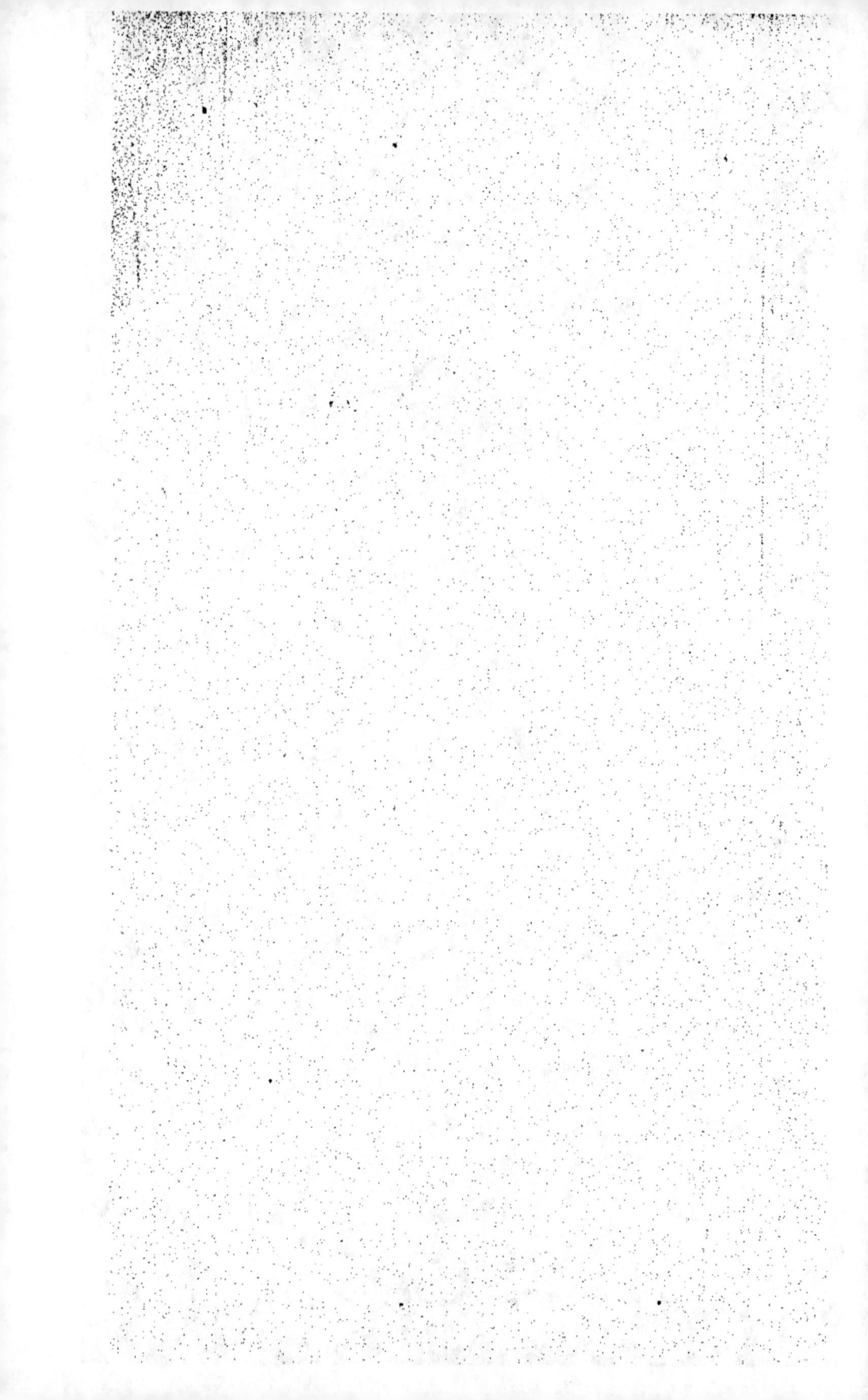

BUGG,

OU LES JAVANAIS,

MÉLODRAME EN TROIS ACTES,

A GRAND SPECTACLE;

DE M. BENJAMIN,

BALLET DE M. BLACHE, MUSIQUE DE M. ADRIEN,

Représenté pour la première fois, à Paris, sur le Théâtre
de l'Ambigu-Comique, le 18 Septembre 1828.

Paris.

QUOY, LIBRAIRE-ÉDITEUR,

AU MAGASIN GÉNÉRAL DE PIÈCES DE THÉATRE,
Boulevard Saint-Martin, n° 18.

1828.

PERSONNAGES.   ACTEURS.

VAN-BUR, gouverneur de Batavia.......   M. MELCHIOR.

Mme DE SPOOR, sa sœur............   Mme VERTEUIL.

DE BERMANN, capitaine de vaisseau...   M. BARON.

CLARA, sa fille.....................   Mlle LOUISE.

LE COLONEL VAN-STREEN, neveu de
    VAN-BUR........................   M. VALTER.

LE MAJOR KELLER, ami du colonel....

LE CAPITAINE DUPONT, français......   M. DUBIEZ.

FÉLIBB, javanais...................   M. DAVESNE.

BUGG, esclave.....................   M. VAUTRIN.

UN VALET.

SANNA, personnage muet.

UN SECRÉTAIRE, idem.

HOLLANDAIS, HABITANS, etc.

La Scène se passe à Batavia au premier acte, et aux environs de cette ville pendant les deux derniers.

AVIS DE L'ÉDITEUR.

MM. les Directeurs de province qui désireraient avoir des notions exactes sur la mise en scène de BUGG, sont priés de s'adresser à M. HUGUES, régisseur-général du théâtre de l'Ambigu-Comique.

Tous les Journaux se sont accordés pour donner à M. Hugues les éloges que mérite le talent dont il a fait preuve dans la mise en scène de cet ouvrage.

Imprimerie de CHASSAIGNON, rue Git le Cœur, n. 7.

<<<<<<<<<<<<<<<<<<<<<<<<<<<<●>>>>>>>>>>>>>>>>>>>>>>>>>>>

DOGG,

OU LES JAVANAIS,

MÉLODRAME EN TROIS ACTES.

<<<<<<<<<<<<<<<<<<<<<<<<<●>>>>>>>> >>>>>> >>>>>>>>>>>>>

ACTE PREMIER.

Le Théâtre représente l'appartement du Gouverneur; une grande croisée à droite, au second plan. Une porte battante au fond.

SCÈNE PREMIÈRE.

VAN-BUR, DE BERMANN, Mᵐᵉ DE SPOOR.

VAN-BUR.
Eh bien, capitaine, vous voilà donc de retour ?

BERMANN.
Oui, cher gouverneur.

VAN-BUR.
Ma sœur et moi, au premier bruit de votre arrivée, nous nous sommes empressés d'interrompre une promenade qui eut retardé le plaisir que nous avons à vous serrer la main.

Mᵐᵉ DE SPOOR.
Et Clara?

VAN-BUR.
Oui, où est donc votre chère fille ?

BERMANN.
Je l'ai forcé à prendre quelques instans de repos pendant

qu'on allait vous avertir... elle était fatiguée, elle n'est pas forte encore, elle se ressent de la secousse que nous avons éprouvée.

Mme DE SPOOR.

Eh mon dieu, oui, nous avons appris l'évènement.

BERMANN, à *Van-Bur.*

Il a pensé nous en coûter cher de n'être pas revenus il y a une semaine avec votre neveu d'adoption, le colonel Van-Streen ; nous avons été attaqués, à une journée d'ici, par une troupe de Javanais insurgés ; et sans notre fidèle Bugg et votre Félibb, nous étions perdus.

VAN-BUR.

Ah! mon ami, nous ne pensions pas que la chose eut été aussi sérieuse...

BERMANN.

Très-sérieuse, ma foi ; figurez-vous ma fille évanouie, qu'ils avaient enlevée de la voiture et que Bugg arracha de leurs mains, en désespéré ; elle était au pied d'un arbre, nous combattions tous deux auprès d'elle, nous allions périr, quand Félibb parut tout-à-coup... une arrivée miraculeuse... Si vous l'aviez vu, son couteau de chasse à la main, s'élancer sur ces misérables et les abattre à ses pieds avec une fureur toujours croissante... Il en avait bien renversé trente avant qu'ils voulussent entendre raison. Bugg de son côté nous secondait, et jamais ce brave Africain ne s'est montré plus digne de mon affection. Il ne les épargnait pas, je vous jure ; malgré tout cela, comme leur nombre grossissait sans cesse ; nous allions périr, si leur chef, frappé de notre courage ou touché de notre position, n'eût entraîné sur la route et loin du champ de bataille cette tourbe déchaînée ; nous pûmes alors reprendre notre course jusqu'à Saint-Jean, où Clara rendue à la vie, ne se remit que bien lentement de sa frayeur ; voilà pourquoi, si près de vous, notre premier soin n'a pas été de venir jusqu'à Batavia pour vous embrasser.

Mme DE SPOOR.

Félibb nous a bien appris la cause de votre retard, mais aussi modeste que brave, il ne nous a rien dit de son dévouement.

BERMANN.

Eh bien, je serai doublement heureux de l'en remercier encore devant vous... Est-il ici ?

VAN-BUR.

Non, il est parti ce matin pour les montagnes, chargé d'une mission secrète ; les insurgés ont déjà répandu l'alarme dans la ville... Le jour même qu'ils nous ont attaqués... leur chef apprit qu'on avait fait venir des chiens de Sumatra, pour dévorer deux malheureux esclaves, arrêtés comme ils s'enfuyaient...

MME DE SPOOR ET BERMANN.

Quelle horreur !...

VAN-BUR.

Écumant de rage, il s'est jeté à l'improviste avec les siens, sur l'habitation désignée, et l'a détruite de fond en comble, corps et biens, le fer et la flamme ont tout anéanti; et quand mon neveu est arrivé avec son régiment, l'audacieux rebelle, chargé de butin, avait déjà regagné les montagnes.

BERMANN.

Jusqu'à présent, au moins, notre ville a été à l'abri de toute audacieuse tentative; grâce à vous, gouverneur.

MME DE SPOOR.

Et à ce Félibb, si bon, si généreux, digne élève de mon frère...

BERMANN.

Je m'étonne toujours que ce jeune homme, avec son corps grêle et sa taille à peine ordinaire, ait su prendre tant d'empire sur des hommes grossiers, qui ne connaissent guère d'autre supériorité que celle de la force, et qui mettent au-dessus de tous, les avantages des membres robustes et une haute stature.

MME DE SPOOR.

C'est que ce corps faible en apparence, renferme une âme ardente et pleine d'énergie... Félibb, chéri des Javanais, a sur tous une influence sans borne.

VAN-BUR.

Et n'en use que pour les maintenir dans le devoir.

BERMANN.

Oui, et malgré son origine commune avec les Naturels, on dit qu'il défend auprès d'eux nos intérêts avec autant d'adresse que de zèle...

VAN-BUR.

Et de courage. Aujourd'hui encore, pour rassurer les habitans, il a dû se rendre avec Bugg vers la retraite des insurgés... Ils veulent connaître leur nombre, et s'ils peuvent, leurs projets...

MME DE SPOOR , à *Van-Eur.*

Et ne court-il aucun danger ?

BERMANN.

Si mon Bugg l'accompagne ne craignez rien; cet homme est parmi les noirs ce que Félibb est parmi les Javanais; bien au-dessus d'eux tous par son dévouement et son intelligence. Il m'a sauvé plusieurs fois la vie ; je le traite plutôt en ami qu'en esclave. Dans mes voyages il m'a servi souvent de lecteur, même de copiste... Les auteurs de notre Europe ne lui sont pas étrangers. Pendant mon séjour en France, je l'ai surpris plus d'une fois se livrant à l'étude des arts ; je l'ai conduit en Afrique, le lieu de sa naissance, il pouvait devenir libre, en me quittant, il n'a pas paru le désirer.

Mᵐᵉ DE SPOOR.

Mon frère a été à même de juger de son cœur et de sa fidélité !

BERMANN.

C'est vrai, je vous l'ai laissé quatre ans, lors de ma course en Norwège, je craignais pour lui l'apreté du climat.

Mᵐᵉ DE SPOOR.

Mon ami, j'ai hâte de revoir votre chère Clara, vous devez avoir à causer ; je vous laisse et vais la chercher moi-même dans son appartement.

(*Elle sort.*)

SCÈNE II.

VAN-BUR, BERMANN.

VAN-BUR.

Capitaine, je n'ai pas voulu vous interroger devant ma sœur, mais c'est véritablement en exil qu'on envoie mon neveu d'adoption.

BERMANN.

Non, mon ami, ce n'est point un exil.

VAN-BUR.

Cependant des personnes dignes de foi, me font savoir que ses excès l'ont perdu de réputation en Hollande, et qu'on a voulu l'en éloigner.

BERMANN.

Ces personnes exagèrent les choses, des aventures amoureuses, quelques duels, des dettes qu'on finit toujours par payer, un caractère violent, emporté, ne flétrissent point un homme... il faut bien que la fougue de l'âge s'évapore. En l'éloignant du théâtre de ses folies, on lui offre l'occasion de réparer noblement ses inconséquences passées... Officier supérieur, envoyé à Batavia, à la tête d'un régiment, mis à la disposition du commandant la Colonie; ce qui vous paraît un exil, me semble à moi une marque de confiance éclatante.

VAN-BUR.

Si mon neveu conservait au moins les égards qu'il doit à mon âge, à mon rang et sur-tout à mon affection pour lui; croiriez-vous que, depuis huit jours qu'il est arrivé dans cette ville, je ne l'ai vu que deux fois, et comment?... toujours accompagné d'un major Keller, aussi méprisable par ses odieux principes que par la servilité de son caractère.

BERMANN.

Des devoirs pressans, sur tout les premiers jours d'une arrivée, auront retenu, malgré lui, votre neveu loin de vous; car, moi, je le voyais sans cesse à Brantam, où il séjournait pour l'équipement des troupes... Il eût bien quelque peine à me rendre visite, il pouvait craindre de votre ami quelques remontrances; mais depuis un jour qu'il me rencontra, j'étais à la promenade avec ma fille, il vint nous voir très-souvent, et passe beaucoup de temps avec nous; quelquefois des journées entières; heureux, disait-il, de prendre part à l'amitié qu'il sait exister entre vous et moi.

VAN-BUR.

Je ne demande pas mieux que de me tromper dans mes conjectures, mais ce n'est pas seulement comme parent que je souffre, c'est encore comme homme public. Van-Streen en ces lieux, avec un pouvoir égal au mien, n'écoute aucun des avis que je lui fais parvenir; à peine me fait-il demander conseil... Toutes les mesures que j'avais prises sont renversées; on veut enlever par la force ce que j'avais obtenu par la douceur, ou exaspère les esprits, il semble enfin qu'on pousse les Javanais à s'armer contre nous.

BERMANN.

Tout cela, mon ami, faute de s'entendre; la Compagnie portée ainsi que vous, à n'opérer que par les voies de conciliation, a dit qu'on envoyait Van-Streen, de préférence dans cette partie de l'île, parce que votre bonté naturelle modérait sa tête un peu verte; et l'on compte sur votre influence pour le diriger dans la voie convenable.

VAN-BUR.

Ah! mon cher capitaine, quoique j'aie toujours traité Van-Streen comme un fils, je suis loin d'avoir sur son esprit l'influence qu'on me suppose.

BERMANN.

Une entrevue avec lui devant moi, changera vos idées, vous

vous comprendrez tous les deux, dès que vous aurez pû vous expliquer.

VAN-BUR.

Je crains qu'il ne soit du nombre de ces hommes qui regardent les avis qui dérangent leurs projets, comme des attentats à leur liberté.

SCÈNE III.

LES MÊMES, KELLER, DUPONT, UN VALET.

LE VALET, *annonçant.*

Messieurs, le major Keller et le capitaine Dupont.

BERMANN.

Le capitaine Dupont... c'est un Français, un brave militaire, que la tempête a jeté dans ces parages, j'ai fait dernièrement sa connaissance à Bantam.

VAN-BUR.

Messieurs, soyez les bienvenus... Que désirez-vous ?

KELLER, *après avoir salué.*

M. le gouverneur, mon colonel vous prie de vous rendre sans retard au quartier, l'agitation qui se manifestait depuis quelques jours, s'accroît et devient inquiétante, des groupes d'hommes de couleur, dispersés ce matin par l'ordre du colonel, se reforment maintenant sur la place, aux portes et près des ateliers d'esclaves... Le colonel voudrait vous consulter sur les mesures à prendre, les momens sont précieux; il vous supplie de ne point tarder.

VAN-BUR.

Il me semble, M. le major, que mon neveu aurait pû se rendre chez moi pour prendre mes avis; la démarche eut été plus convenable, plus respectueuse.

KELLER.

M. le gouverneur, j'obéis aux ordres de mon chef, sans chercher à pénétrer ses motifs.

VAN-BUR.

Quoiqu'il en soit, je ne le ferai pas attendre; il suffit pour moi que le bien de la Colonie l'exige. (*à Bermann.*) vous voyez mon ami...

(*Ils sortent.*)

SCENE IV.

KELLER, DUPONT.

DUPONT.

Savez-vous qu'il n'a pas tort ? son neveu, entre nous, ne lui montre pas grand respect; un oncle, gouverneur, son égal en pouvoir, son ancien, qu'en dites-vous, major?

KELLER.

Il serait dix fois plus son oncle et son égal, qu'il ne faudrait pas moins marcher... L'administrateur civil disparaît devant le gouverneur militaire, quand c'est au sabre à décider.

DUPONT.

Morale de corsaire!.. au reste, ça ne me regarde pas: pour parler d'autre chose, dites-moi un peu dans quelle intention le colonel nous envoie, ma compagnie et moi, bivouaquer dans cette ville?

KELLER.

Pour y maintenir la tranquillité; pour imposer silence.

DUPONT.

Oui, couper la parole à ceux qui veulent parler trop haut; eh bien, puisqu'il s'agit de voir de près ces faces cuivrées, pourquoi le colonel tient-il le régiment Hollandais à une lieue et demie dans cette vallée?

KELLER.

C'est par considération... M. Van-Bur craint d'effrayer les hommes de couleur par l'appareil de la force armée; aussi n'introduira-t-on qu'un certain nombre d'hommes, le désarmement ne s'en opérera pas moins; mais il entre dans votre mission, mon cher capitaine, que cette mesure si importante, soit nécessitée par les hommes de couleur eux-mêmes.

DUPONT.

Ah! oui, encore par considération, n'est-ce pas? mais comment nécessiter la mesure?

KELLER.

Sur le moindre prétexte; il ne s'agit que d'y mettre un peu de bonne volonté: un des nôtres regardé de travers, une voie de fait, des naturels accourus d'un côté, des soldats d'un autre, une rixe, une petite émeute, un coup de fusil tiré sur nous... on le dit... Voilà la trève violée, un rapport est fait, on

Bugg. 2

attaque la force armée, ils ont voulu mettre le feu à la ville...
et le reste va tout seul.

DUPONT.

Tenez, franchement, major, j'en vaux un autre pour une
attaque d'avant-garde ou pour la défense d'une redoute; mais
quant au genre de guerre que vous me proposez... je vous
prie de vous charger de l'exécution... je n'en serai pas ja-
loux... d'ailleurs, vous êtes mon chef, à vous la gloire.

KELLER.

Non pas, capitaine, j'ai une autre mission ici...

DUPONT.

Quelqu'un à désarmer aussi?

KELLER.

Précisément.

DUPONT.

Mais vous êtes sans troupes?

KELLER.

Je n'en ai pas besoin.

DUPONT.

C'est un mystère.

KELLER.

Oui, capitaine, un mystère d'amour.

DUPONT.

Ah!

KELLER.

Oui, sous le plus grand secret.

DUPONT.

Vous faites bien de me le recommander, car sur ce chapitre
là, je suis bavard en diable; tout mon mérite c'est de mettre le
régiment dans la confidence.

KELLER.

Prenez garde, ceci devient une affaire de service.

DUPONT.

C'est entendu, je n'en ouvrirai pas la bouche... C'est
dommage!

KELLER.

Notre colonel est l'amant.

DUPONT.

Une fantaisie du moment.

KELLER.

Un mariage.

DUPONT.

Comme ceux que nous faisons quelquefois en France, sans
consentement et sans contrat, renouvellement par quinzaine,
et pas de veuvage.

KELLER.

C'est tout autre chose : le colonel aime sérieusement, et Mademoiselle de Bermann, que vous avez vue à Bantam, n'est pas femme à recevoir des soins, sans le consentement de son père : d'ailleurs ce n'est pas ce qui nous embarrasse.

DUPONT.

Quoi donc?

KELLER.

Des gens bien informés prétendent que le principal obstacle à nos désirs serait un certain Félibb, né sur l'habitation de M. de Van-Bur, peut-être bien le cohéritier de notre colonel Van-Streen; car, à son teint, on le prendrait pour un Européen.

DUPONT.

Diable! on soupçonnerait que notre gouverneur Van-Bur...

KELLER.

M. Van-Streen n'est pas homme à laisser passer en d'autres mains son héritage et sa maîtresse. Nous savons déjà que c'est Félibb qui, abusant de son pouvoir sur l'esprit du gouverneur, a empêché le désarmement des naturels, que voulait le colonel.

DUPONT.

Ma foi, major, affaire de service à part, je crois qu'il n'a fait que son devoir en s'opposant, tant qu'il a pu, à une mesure, entre nous, tant soit peu arbitraire.

KELLER.

M. Dupont!

DUPONT.

M. Keller, je donne ici mon opinion particulière; en discipline, j'obéis au colonel, et voilà.

KELLER.

A la bonne heure. En ce moment l'intéressant jeune homme est absent pour une mission importante, (*plus bas.*) dont on espère qu'il ne reviendra pas.

DUPONT.

Bath! Aurait-on pris aussi quelque mesure où il ne se serait agi que d'un peu de bonne volonté?

KELLER, *avec négligence.*

Oh! je ne le crois pas; mais si un coup de feu tiré par hasard, en traversant un bois qu'occupent les insurgés, l'atteignait... malheureusement... on pendrait les deux premiers rebelles qu'on attraperait, et...

DUPONT, *avec indignation.*

Mais cela s'appelle un assassinat, major.

KELLER, *brusquement.*

Que vous importe, si ce n'est pas vous qu'on en charge?

DUPONT.

On y serait, parbleu, fort mal venu!... Mais croyez-vous

que la demoiselle trouvera M. Van-Streen plus aimable quand il sera seul sur la liste des soupirants?

KELLER.

Le reste est son affaire; notre devoir, à nous, c'est de nous taire et de garder les secrets qu'on nous confie.

DUPONT.

Soyez tranquille, major, je n'ai envie de nuire aux amours de personne, je n'intrigue pas, moi, je me bats. Si le colonel a besoin de mon épée ou de ma carabine pour le service, je ferai de mon mieux, puisque les circonstances m'ont jetté dans ces climats et dans votre régiment. Mais pour le dessous des cartes, je laisse la commission aux habitués, moi je ferai quelque gaucherie.

KELLER.

Allez toujours, vous avez des ordres, exécutez-les. Rendez-vous sans plus tarder dans les bureaux du Gouverneur, pour régler les difficultés qui se sont élevées au sujet du casernement de votre compagnie... Vous n'avez à vous occuper ici que d'affaires de service.

DUPONT.

A la bonne heure Au revoir   (Keller le regarde aller.)

KELLER.

Décidément on ne fera jamais rien de ce Français. Dans les affaires de routine, il est souple comme un gant; mais dans les cas difficiles...

SCÈNE V.

Mme DE SPOOR, KELLER, CLARA.

Mme DE SPOOR.

Venez, venez embrasser mon frère. (elle regarde et voit Keller.) M. de Van-Bur n'est point ici?

KELLER, à part.

Elles arrivent à propos. (haut.) M. de Van-Bur vient de se rendre à l'hôtel du gouvernement, et moi, Mesdames, chargé d'une commission du colonel, près de vous, je bénis le hasard qui vous amène en ces lieux... mais M. Van-Streen a su le retour de Mademoiselle, et les dangers qu'elle a courus sur la route, et ne pouvant disposer d'une minute, il m'envoie la complimenter sur l'heureuse issue...

Mme DE SPOOR.

Ma jeune amie est sensible à cette attention du colonel; mais elle regrette, M. le major, qu'on vous ait embarrassé d'un office...

KELLER.

C'est un plaisir, Madame. M. Van-Streen ne s'attendait pas à trouver tant de charmes et tant de vertus dans cette Colonie; il a pensé que son lieutenant, son ami, méritait seul le bonheur de les admirer et de présenter des hommages dignes de celles qui les reçoit.

CLARA, *timidement*.

Monsieur....

KELLER.

Il le dit hautement, Mademoiselle, il n'a pu se soustraire à l'empire que vous exercez, et votre absence lui a fait mieux sentir combien vous étiez nécessaire à son bonheur.

CLARA.

Monsieur, veuillez remercier le colonel de l'intérêt qu'il a pris au danger que mon père et moi avons pu courir ; mais veuillez lui dire aussi que le temps ni le lieu ne sont convenables pour une pareille déclaration... c'est à mon père seul...

Mme DE SPOOR.

Oui, quittons un sujet qui ne peut qu'embarrasser mon amie, et veuillez me dire, Monsieur, si le désarmement des Javanais est résolu?

KELLER.

Oui, Madame, des ordres sont donnés à cet effet.

Mme DE SPOOR.

Et quelle en est donc la cause?

KELLER

Des rassemblemens formés aux portes de la ville et dans l'intérieur. Le colonel est responsable de la tranquilité publique, et elle exige que les Javanais soient désarmés. (*en regardant Clara.*) Ils le seront tous, sans exception.

Mme DE SPOOR.

Tous?

KELLER.

Et ceux qui voudraient faire résistance, arrêtés et expédiés pour Bantam, y seront traités comme rebelles.

CLARA.

Grand dieu!

KELLER, *avec affectation*.

Ces dispostions, malheureusement nécessaires, vous semblent bien dures? mais si vous voulez soustraire à l'ordre du désarmement général quelqu'un qui vous intéresse, personne ne peut mieux plaider sa cause que vous, Mademoiselle; le colonel ne pourra rien vous refuser, du moins je le pense.

CLARA.

Personne qui m'intéresse n'est soumis à cette loi, Monsieur.

KELLER.

M. Félibb vous a sauvée des mains des insurgés, dit-on, au péril de sa vie; peut-être aura-t-il besoin de votre influence?

Mᵐᵉ DE SPOOR.

Tranquillisez-vous, Monsieur; l'élève, l'ami du gouverneur n'a rien à redouter d'une loi qui ne peut l'atteindre.

KELLER.

Il est homme de couleur.

Mᵐᵉ DE SPOOR.

Jamais personne, dans cette ville, ne l'a traité comme tel.

KELLER.

Mais la nature ne veut pas que nous le traitions autrement; malgré tous ses titres à votre bienveillance, ce n'est pas la faute du colonel si Félibb est esclave d'origine.

SCENE VI.

LES MÊMES, FÉLIBB, BUGG, KELLER.

(*Félibb et Bugg entrent en scène par la porte du fond, pendant que le major parle.*)

FÉLIBB, *qui a entendu la dernière phrase.*

Esclave, moi! oh quand la nature m'eût fait esclave, digne au moins d'être homme libre par ma pensée, j'eusse rendu ma servitude honorable; c'est vainement qu'un maître eût commandé à ma main de se souiller d'un crime.

KELLER.

Que voulez-vous dire?

FÉLIBB.

Rien, Monsieur, si vous ne me comprenez pas; et si vous me comprenez, toute explication devient inutile.

KELLER.

Je pourrais l'exiger, pourtant.

FÉLIBB.

Non, pas en ces lieux, je suppose; la présence de ces dames...

KELLER.

N'a rien qui m'effraie, mes actions se montrent au grand jour.

FÉLIBB.

Je vous en félicite; heureux celui qui, pour les cacher, n'a pas besoin de l'ombre d'un bois.

BUGG, *à part.*

S'il comprend, il est convaincu.

KELLER, *dissimulant sa fureur.*

En attendant qu'il plaise à Monsieur de ne plus parler en énigme, je vais rendre compte au colonel du résultat de ma visite. (*Il sort.*)

SCÈNE VII.

LES MÊMES, *excepté* KELLER.

CLARA, *avec effroi.*

Que vous est-il arrivé? grand dieu!

FÉLIBB

Rien, chère Clara, rien qui puisse mériter votre attention.

CLARA.

Ah! dites, dites, je vous en supplie, quel danger menaçait vos jours?

FÉLIBB.

Aucun; quand je vous vois, tout est oublié.

Mme DE SPOOR.

Dissipez notre inquiétude; répondez à votre amie.

FÉLIBB.

Suis-je donc assez heureux pour qu'elle s'intéresse à mes jours?

CLARA, *d'un air de reproche.*

Il le demande, et je n'ai pas une pensée qu'il n'ait connue, pas une peine qu'il n'ait adoucie, pas un plaisir qu'il n'ait partagé, l'ingrat!

FÉLIBB, *lui prenant la main, et la portant à ses lèvres avec transport.*

Oh! je suis bien payé d'avoir risqué ma vie pour vous, chère Clara, que ne puis-je vous la consacrer toute entière!...

BUGG.

Oui, mais un coup de feu y mettra ordre, un beau matin.

CLARA.

Qu'entends-je?

Mme DE SPOOR.

Qui en veut à sa vie?

BUGG.

Ah! qui?... c'est une question... (*aux dames.*) pour lui, mais pas pour moi. Nous passions au coin des orangers qui bordent la plaine dans le chemin creux qui conduit aux mon-

tagnes; un coup de fusil part, une orange tombe à ses pieds....
ce n'était pas le fruit qu'on voulait abattre...

CLARA ET Mme DE SPOOR.

Se peut-il?

BUGG.

Je me retourne précipitamment, et j'aperçois un homme à
cent pas de nous; il rechargeait son arme en se baissant, Monsieur ne pouvait le voir, moi, je l'apercevais fort bien; je m'élance,
en trois bonds, j'arrive devant lui, je pose mon pied sur son fusil qu'il tenait contre terre, et, le pistolet sur la poitrine, je
veux l'interroger à bout-portant; ah! le maladroit eût parlé, je
vous jure, ou je l'eusse envoyé dire au diable son secret! monsieur Félibb s'y est opposé. Combien gagnes-tu à ce métier?
lui dit-il. — Cinquante piastres, si j'avais réussi. — En voilà
cent, afin que tu n'aies pas de regrets; mais je ne savais pas
qu'un assassin coûtât si peu.

CLARA.

Grand dieu!

Mme DE SPOOR.

Quel peut être l'auteur d'un pareil attentat?

BUGG.

Le digne confident d'un homme...

FÉLIBB.

Je ne puis le croire; pourquoi voulait-il armer quelqu'un
contre mes jours?

BUGG.

Pourquoi? je le sais bien. (après un moment de silence, en
montrant Clara.) Vous avez fait, en défendant mademoiselle,
ce qu'un autre aurait voulu faire. (plus bas.) Vous avez re-
cueilli un prix qu'il ambitionne. La jalousie et la colère ne rai-
sonnent point, elles s'exhalent en menaces... un lâche confident n'a besoin que d'un mot pour interpréter une volonté!

CLARA.

Ciel! cet homme, qui depuis trois mois me persécute de ses
assiduités, de son amour, dont la vue me fatigue, pour qui
malgré moi j'éprouve plus que de l'indifférence, c'est par la
mort de l'ami de mon enfance, de mon frère d'adoption, qu'il
voulait séduire mon cœur. (se jetant dans les bras de madame
de Spoor.) O mon amie!

Mme DE SPOOR.

Rien ne prouve qu'il soit capable d'une pareille action; mais
venez auprès du gouverneur, nous lui demanderons de faire
les plus actives recherches, et puisse la découverte du véri-
table auteur du crime, justifier mon neveu.

CLARA.

Sans adieu, cher Félibb, n'exposez pas vos jours, ils sont à moi, vous me les avez consacrés, et je puis encore en avoir besoin.

FÉLIBB, *lui baisant la main.*

Oui, Clara, oui, mes jours sont à vous, à toute heure, en tous lieux, contre tous.

CLARA.

Bugg, ne le quitte pas.

BUGG.

Jamais, maîtresse, jamais.   (*Elles sortent.*)

SCÈNE VIII.

FÉLIBD, BUGG.

BUGG.

Eh bien, maître, que pensez-vous de notre course d'aujourd'hui, croyez-vous encore ces insurgés de si méprisables ennemis? dix mille esclaves, vingt mille, peut-être!

FÉLIBB.

Que dis-tu?

BUGG.

Le drapeau de l'affranchissement flotte sur les montagnes, des milliers d'hommes sortent de dessous terre pour le défendre. Que faut-il au Nègre, du feuillage pour reposer, une banane pour vivre ; son lit, sa nourriture, il les trouve dans les bois, et les préfère au maïs, aux cases et aux coups de fouet. Leur camp, planté sur les montagnes inaccessibles, c'est le nid de l'aigle ; qu'il aille les y chercher, celui qui les menace des plus affreux châtimens.

FÉLIBB.

J'y suis parvenu.

BUGG.

Comme ami, mais autrement l'eussiez-vous tenté. Le temps n'est pas éloigné où cette île sera libre: Dieu ne l'a pas faite pour être l'esclave, mais pour être la protégée de la Hollande. Des peuplades habituées au travail, un territoire fertile, toutes les productions du monde, des ports qui peuvent contenir de nombreux vaisseaux. Savez-vous à quoi je pensais tout-à-l'heure, en voyant cette île si florissante et si riche ; que pour devenir la première de l'Asie, il ne lui faudrait qu'un roi qui

osât y établir la liberté. (*mouvement de Félibb.*) Et, je l'avoue,
je ne connais qu'un homme digne de ce titre, et dont je vou-
drais être le sujet.

FÉLIBB, *souriant.*

Et quel est cet homme digne d'un royaume que tu offres si
libéralement?

BUGG.

Celui qui n'a pas voulu suivre aujourd'hui mes conseils et
ceux du chef que nous venons de visiter, celui qui chérit les
Hollandais, quand les Hollandais le persécutent et veulent l'as-
sassiner.

FÉLIBB.

C'est moi.

BUGG.

Oui, maître, aujourd'hui vous êtes leur égal, ils ont besoin
de vous, vous ne leur demandez rien; mais ayez avec eux des
intérêts communs, vous serez victime de leurs lois. (*en appuyant sur les mots.*) Demandez-leur de vous admettre dans
leur alliance, leur orgueil vous repoussera.

(*Félibb fait un mouvement involontaire.*)

FÉLIBB.

Eh! que voudrais-tu donc, enfin?

BUGG.

Que vous sauviez cette ville, votre berceau, et peut-être la
Colonie toute entière; que vous abandonniez ceux qui ont dévoré
la part de liberté du Nègre, et qui l'achètent et le vendent
comme l'ébène de ces contrées!

FÉLIBB.

Ah! Bugg, tu oublies que ton maître est l'homme le plus doux,
le plus humain, le plus généreux!

BUGG.

Non, je ne l'oublie point; et quand j'ai ce fardeau sur les
épaules, je ne me sens plus la force de sauter le fossé, il faut
le déposer d'abord... Mais où... J'avais arrangé tout dans ma
tête. Clara avec vous... ce n'est que par un coup d'éclat qu'on
pourrait persuader M. de Bermann... vous ne le voulez pas.

FÉLIBB.

Malheureux! penses-tu me séduire?

BUGG.

Vous séduire! ah! que n'ai-je assez d'éloquence pour vous
persuader! Écoutez, le moment est venu, le désarmement des
hommes de couleur est décidé; s'ils rendent leurs armes, la

Colonie est perdue, s'ils les gardent et qu'ils résistent, elle est sauvée.

FÉLIBB.

Comment peux-tu prévoir tous les évènemens de si loin?... cette nouvelle même est fausse.

BUGG, *regarde par une fenétre et revient, et avec insouciance.*

Je ne sais ; mais ils ne s'assemblent pas pour rien sur la place.

FÉLIBB, *s'approche de la fenétre et s'écrie.*

Armés!...

BUGG, *avec l'apparence de la simplicité.*

Sans doute, on demande leurs armes, eh bien! ils viennent les rendre.

FÉLIBB.

Perds-tu l'esprit, ou veux-tu me tromper?

BUGG, *toujours de même.*

Ni l'un, ni l'autre, mais je veux vous rendre un service. (*il s'élance à la fenétre et y entraîne Félibb; avec feu.*) Voyez-les s'agiter les uns autour des autres) sans savoir quelle résolution prendre. Que leur manque-t-il? un chef! qui doit-il être? vous! et pour sauver la ville, vous n'avez qu'un temps donné! (*avec force.*) Montrez-vous, ralliez-les, fermez les portes aux troupes, proclamez les droits; vous contenez les hommes de couleur, et tous les blancs vous doivent la vie!

FÉLIBB, *avec indignation.*

Moi! je m'armerais contre mes amis? j'irais me mettre à la tête d'une troupe d'insensés qui s'enfuiront à la première attaque, et seront vaincus par une poignée de soldats.

BUGG, *avec un soupir.*

Ah!.oui, ils seront vaincus, mieux vaudrait qu'ils fussent vainqueurs; ce n'est pas votre couleur qui triomphera, c'est la mienne.

FÉLIBB, *avec feu.*

As-tu encore quelque révolte à prédire? je ne sais ce qui m'empêche de punir en toi l'un des auteurs, peut-être... (*avec douceur.*) Mais tu as sauvé la vie à ton maître, la mienne et celle... (*Il s'arrête.*)

BUGG.

Et celle...

FÉLIBB, *avec douceur, et s'appuyant sur l'épaule de Bugg.*

Je te dois beaucoup; je ne peux te croire un traitre; je connais ton intelligence; sers la cause des blancs, ils t'accorderont la liberté et des richesses.

BUGG, *avec amertume et ironie.*

Mon intelligence est à moi, et n'a pas été vendue comme mon

(20)

corps; ma liberté, je l'aurai quand je voudrai; la cause des blancs, un noir ne peut la servir, ils ne me reconnaîtraient plus quand j'irais leur demander ma récompense. (*étonnement de Félibb; Burg se rapproche de la fenêtre; on entend le tumulte; Félibb y vient aussi.*) Je vous l'avais bien dit, que le temps était donné, il reste à peine maintenant quelques minutes... le combat est commencé...

(*On entend un cliquetis d'armes qui continue jusqu'à la décharge générale.*)

FÉLIBB, *voulant s'élancer.*

Qu'oses-tu dire?

BUGG.

Voyez-vous même... mais au nom du ciel, ne vous montrez pas. Ils ont repoussé le peloton... mais je vois de loin un nuage de poussière... c'est le colonel... ils sont perdus... il n'est plus temps... (*tout cela se dit lentement, et avec des intervalles de silence.*) Les voilà tous en fuite; les malheureux! (*on entend une décharge générale, un feu roulant et des trompettes.*) C'en est fait, fuyez vous même, Félibb, fuyez; la couleur est proscrite, le danger vous menace plus que tous les autres, votre ennemi approche, fuyez, croyez moi.

FÉLIBB.

Que puis-je avoir à craindre?

BUGG.

Tout, cher maître, celui qui a voulu votre mort, ne peut trouver une plus belle occasion; vous aurez causé ce rassemblement, vous serez le chef des révoltés...

FÉLIBB, *avec impatience.*

Moi, Bugg; quand je n'ai pas voulu!... tu me serviras de témoin.

BUGG.

Vous vous moquez du pauvre nègre, un esclave ne peut vous servir de témoin; mais il pourra vous sauver. Vous le voulez? demeurez donc, je ne vous quitterai pas.

SCÈNE IX.

VAN-BUR, LE COLONEL, KELLER, DUPONT, FÉLIBB, BUGG, OFFICIERS, SOUS-OFFICIERS, SOLDATS, VALETS.

LE COLONEL.

Que le conseil de guerre soit à l'instant même convoqué.

(*Un sous-officier sort.*)

VAN-BUR, *suppliant.*

Vous songere° que des bourgeois égarés ne sont point des prisonniers de guerre.

LE COLONEL.

Si j'admettais cette raison, ils seraient fusillés sur l'heure, en vertu de la loi martiale que je ferais publier; le voulez-vous?

VAN-BUR.

Hélas!   (*Il va pour se retirer.*)

LE COLONEL.

Restez, Monsieur; comme gouverneur, vous êtes membre du Conseil; il vous faut un secrétaire.

VAN-BUR, *montrant Félibb.*

Il m'en servira.

LE COLONEL.

Soit... des siéges. (*aux soldats.*) Faites retirer tout le monde. (*Bugg fait semblant d'apporter les siéges, et se retire dans un coin de la scène, en vue du spectateur; aux officiers.*) Asseyez-vous, Messieurs. (*à Keller.*) Rapporteur, faites votre office.

(*Les officiers s'assoient en cercle, le colonel est au milieu. A sa droite sont deux officiers, Van-Bur et le capitaine Dupont. A sa gauche sont cinq officiers, et le major Keller est à la gauche du colonel, assis près de la table du secrétaire. Félibb est assis à la table placée vis à-vis à l'autre extrémité du théâtre, près de M. Van-Bur, qui se trouve la première personne du côté droit. Le conseil est composé de neuf membres qui votent. Le colonel, le major, Félibb et l'autre secrétaire ne votent point.)*

KELLER, *se levant.*

Peu de mots suffiront; vous avez tous été témoins de la résistance coupable des Javanais; nos soldats ont opposé long-temps aux outrages de leurs adversaires, la modération et la patience.

DUPONT, *à part.*

Quelle patience!

KELLER.

Un soldat a été atteint d'un coup de feu.

DUPONT, *à part.*

Le misérable n'en a pas eu le démenti!

KELLER.

La résistance est devenue un devoir, et le succès a couronné la bonne cause.

DUPONT, *à part.*

C'est leur phrase à tous.

KELLER.

Deux cents rebelles sont tombés au pouvoir des troupes; je demande qu'ils soient condamnés à la peine qu'ils ont en-

courue....... la mort ! .... Huit mille Javanais ,
encore dans leurs maisons, attendent, pour se déclarer, le
triomphe des leurs; qu'ils apprennent par le supplice, par le
supplice effrayant des coupables, le sort qu'on prépare à tous
ceux qui les imiteraient. (*Van-Bur se lève.*) Oui, Messieurs,
dans les circonstances fatales où nous nous trouvons, votre humanité doit se taire, le salut de la Colonie l'exige; il faut un
grand acte de rigueur.

VAN-BUR.

Ah! Messieurs, prenez garde, les tortures n'épouvantent
point... elles exaspèrent ceux qui restent. La clémence ramène
les hommes égarés; rendez la liberté à deux cents pères de fa-
mille, et je vous réponds de la tranquillité publique. Mon neveu,
je m'adresse particulièrement à vous, ma voix et la vôtre suffiront pour sauver aujourd'hui des insensés, demain j'abdiquerai
mes fonctions de gouverneur entre les mains du général, s'il ap-
prouve votre conduite; et seul maître alors, dans de pareilles
dissentions, vous pourrez laisser agir l'impitoyable loi.

(Il s'assied.)

DUPONT, *se levant.*

Colonel, j'adopte l'avis du gouverneur, et je l'appuie de tout
mon pouvoir.

LE COLONEL.

Tout retard serait dangereux, Messieurs, vous connaissez le
crime; les accusés sont convaincus, je vais recueillir les voix.
(*Il fait signe; le secrétaire du Conseil, assis à côté de Keller,*
prend l'urne, et vient la présenter aux membres du Conseil;
chacun y met une boule noire, excepté Van-Bur et Dupont ; le
secrétaire retourne à sa place, répand les boules sur le tapis.)

LE SECRÉTAIRE.

Sept boules noires, deux blanches.

LE COLONEL.

Sept boules noires, deux blanches, ils sont condamnés à
mort; le Conseil est dissous. (*tous les membres se lèvent.*) Rapporteur, dictez l'arrêt aux deux secrétaires.

(*Les valets rentrent , enlevent les siéges et se retirent. Les membres du*
conseil restent à causer entr'eux.)

KELLER.

Ordre d'exécution à mort.

(Félibb se couvre le visage avec ses mains.)

KELLER, *à Félibb.*

Ecrivez, Monsieur; vous n'êtes point ici pour étaler une sen-
sibilité bonne tout au plus avec des femmes.

(*Félibb fixe Keller d'un air indigné, et lui fait baisser la vue;*
Van-Bur pose sa m...

VAN-BUR, *à dem'voix.*

Mon ami.

(*Félibb prend la plume, mais elle retombe de ses mains.*)

FÉLIBB.

Je ne pourrai jamais, qu'un autre s'acquitte de cette horrible fonction.

LE COLONEL.

Ce n'est point un autre; c'est vous que le gouverneur en a chargé.

KELLER.

Si Monsieur veut absolument se faire, auprès de quelqu'un, un mérite de son humanité, je serai secrétaire à sa place.

FÉLIBB.

Un pareil emploi vous convient mieux qu'à personne.

KELLER.

La cause des hommes de couleur touche Monsieur de trop près, pour qu'il ne souffre pas de leur juste châtiment.

FÉLIBB, *indigné.*

Ah! c'est trop!...

VAN-BUR, *d'un ton suppliant.*

Félibb!...

BUGG, *s'approchant de Félibb par derrière.*

Il en est temps encore, sortez.

(*Un soldat le chasse avec sa crosse, il se retire dans un coin. L'acte est transcrit.*)

VAN-BUR, *d'une voix émue.*

Puisque ma présence ne peut plus désormais être utile aux habitans de cette ville, je vous supplie de différer l'exécution d'un jour, jusqu'à ce que je sois parti.

LE COLONEL *s'incline sans répondre à Van-Bur, et dit.*

Il serait nécessaire de transcrire aussi l'ordre du désarmement, même pour ceux qui n'ont pas pris part à la rebellion!

VAN-BUR.

Peut-être verrez-vous, par leur prompte obéissance, que la clémence était sans danger.

KELLER *a pris l'ordre des mains du colonel, s'est approché de Félibb, et dicte.*

« Ordre de désarmer tous les naturels. (*il répète.*) Tous, sans exception.

VAN-BUR.

Sans exception?

LE COLONEL.

Sans exception. (*Félibb peut à peine écrire.*)

VAN-BUR , *au colonel.*

Mon neveu , plusieurs Javanais, introduits dans nos familles hollandaises, ont soutenu notre cause par des services signalés ; ce jeune homme...

KELLER , *avec violence; il est près de Félibb.*

Est accusé d'être complice des rebelles ; on ne l'a pas vu s'opposer à leurs efforts, ni combattre avec les Hollandais, et tout-à-l'heure, il a refusé de transcrire l'arrêt qui les condamne.

FÉLIBB , *se lève avec indignation.*

De quel race est donc cet homme qui vient mettre l'humanité même au nombre des crimes?

KELLER.

Vil esclave !

FÉLIBB , *lui frappant la figure avec son gant.*
Misérable bourreau !

(*Keller tire à demi son épée, tous les officiers l'entourent; le colonel lui saisit la main, tandis que Van-Bur retient Félibb qui porte la main au long poignard passé dans sa ceinture.*)

LE COLONEL.

Calmez-vous; les lois vous vengeront mieux et plus sûrement que votre épée; il est homme de couleur... (*vivement.*) Des gardes! (*un sous-officier sort, et rentre avec quatre soldats.*) Messieurs, le déshonneur d'un homme libre se venge par les armes; celui qu'imprime un esclave est effacé par le châtiment, (*à Félibb.*) Qu'on le conduise dans la prison de la ville.

VAN-BUR.

Ainsi, vous ne saurez jamais qu'affliger mon cœur !

LE COLONEL , *avec impatience.*

Monsieur, je ne sais que faire exécuter les lois; elles condamnent tout homme de couleur qui frappe un blanc à perdre la main.

BUGG , *à part; il est près de la fenêtre.*

Et le blanc paie une faible amende s'il frappe un homme de couleur, voilà leur justice.

LE COLONEL.

Exécutez mes ordres.   (*Deux soldats s'avancent.*)

FÉLIBB , *tirant un poignard.*

C'est moi qu'on insulte, et l'on veut...

DUPONT , *bas, en lui arrêtant le bras.*

Obéissez, d'abord, pauvre garçon, ou vous vous perdez.

VAN-BUR , *se joignant à Dupont.*

Mon ami! mon cher Félibb!... (*Félibb paraît quelque temps* combattu entre la tendresse et la fureur; il cède, enfin, tire son *arme, la brise et la jette aux pieds du colonel, il se précipite dans les bras de Van-Bur.*) *A Félibb.* Que ne puis-je... mais hélas! à quoi servirait un pareil aveu?

KELLER, bas au colonel.

Terminez cette scène... vos officiers paraissent émus, et ce Dupont est capable...

LE COLONEL.

Qu'on l'emmène.

(*Félibb s'arrache des bras de Van-Bur, et se livre aux soldats; Dupont et les officiers regardent le jeune homme avec compassion.*)

BUGG, *dans un coin de l'avant-scène, avec l'accent d'une rage concentrée.*

Le sauver ou périr !!!

(*La toile tombe au moment où les gardes qui emmènent Félibb ont atteint la porte du milieu.*

TABLEAU.

FIN DU PREMIER ACTE.

ACTE. II.

Le Théâtre représente une enceinte plantée d'arbres et fermée. Une cabane à gauche; à droite une montagne éloignée, sur laquelle on voit un très-grand bananier. La campagne au-delà, une hauteur domine l'enceinte, et permet d'y plonger.

SCÈNE PREMIÈRE.

BUGG, SENTINELLES, HOLLANDAIS, UN INDIEN.

(Bugg, près de la cabane, à l'abri d'un arbre, regarde de temps à autre les sentinelles qui vont et viennent autour de l'enceinte; il fait signe à l'Indien, dont on n'aperçoit que la tête à travers les feuilles, de ne point bouger, et écrit au crayon sur un petit livret.)

BUGG, *à l'Indien.*

S'il fallait détruire ce billet, tâche d'en retenir le mieux que tu pourras le contenu. (*Il lit à demi-voix.*) « Les condamnés encombrent les cachots, les prières du gouverneur Van-Bur, et surtout celles de Clara, ont obtenu que votre Félibb ne fût point jeté sous terre avec la foule; il est libre dans sa cabane du bananier; mais, en qualité de son gardien, j'en réponds sur ma tête. D'ailleurs des soldats se promènent autour de l'enceinte, la carabine sur l'épaule, à dix pas les uns des autres, ne laissent entrer et sortir que ma noire figure. » (*interruption. Il regarde autour de lui et revient dire à l'Indien.*) En dépit d'eux, il faut sauver la vie de Félibb; que les Indiens ne perdent pas de vue, une seule minute, le bananier de la montagne.... entends-tu?

L'INDIEN.

J'entends.

BUGG.

(Il déchire la feuille du livret sur laquelle il vient d'écrire, serre le papier dans ses doigts, pour qu'il présente le plus petit volume possible, et dit:)
Voilà tout prévu. *(Il fait signe à l'Indien caché dans l'arbre, et lui donne le papier qu'il vient d'écrire; il lui indique de la main la route qu'il doit suivre pour n'être point découvert. L'Indien met le papier roulé dans une espèce de petit tuyau de pipe, qu'il porte à sa bouche; il fait signe qu'il l'avalera au moindre moment de danger, se glisse à travers les sinuosités du site et disparaît, sans être vu des sentinelles.)* Il est hors d'atteinte. *(Il revient en scène.)* Dans deux heures les Javanais seront rassemblés, les chefs d'atelier avertis, tout me répond du succès. *(il réfléchit.)* Quand je pense aux suites, mon cœur se serre. *(interruption.)* Et pourtant, à l'exception des deux êtres dont je puis, d'ailleurs, assurer le salut, M. de Bermann et sa fille, que j'aime autant que je hais tous les autres! Quel bien m'ont fait les Hollandais? et j'hésite! *(interruption.)* Eh bien! écoutons encore une fois le murmure de ma conscience. Oui, tentons ce qui n'expose que Bugg, si l'on me force d'en venir aux ressources du désespoir, ma conscience sera tranquille.

(Il heurte à la porte de la cabane, Félibb paraît.)

SCÈNE II.

BUGG, FÉLIBB.

FÉLIBB.

Que veux-tu?

BUGG.

Venez, maître, venez respirer encore l'air pur de nos belles campagnes, hâtez-vous, bientôt... Quand je vous le disais, vous voilà victime...

FÉLIBB.

J'aime mieux être victime de l'injustice des Hollandais, que de m'être armé contre eux; un seul excepté, tous sont mes amis!

BUGG.

Comme ils vous le prouvent!

FÉLIBB.

Que pourraient-ils tenter en ma faveur?

BUGG.

Tout, s'ils étaient reconnaissans ; mais la reconnaissance, elle n'est que dans mon cœur et dans celui de ma maitresse adorée , sensible à vos maux, elle prie, elle pleure...

FÉLIBB.

Ah ! Bugg, je n'ai jamais mieux senti combien elle m'est chère que depuis que je me trouve séparé d'elle !... L'amour du colonel, la bassesse de son confident m'épouvantent. L'avenir se présente effrayant ou hideux à mon imagination troublée... Si l'agitation générale amenait quelque catastrophe ! mon ami, défend tout ce qui m'attache au monde, sauve-la !

BUGG.

Sauvez-la vous-même.

FÉLIBB.

Et que puis-je ?

BUGG , *avec simplicité.*

J'ai de quoi teindre le visage et les mains, devenez Bugg, je vais rester à votre place.

FÉLIBB, *avec attendrissement.*

Moi, aux dépens de tes jours ; oh ! non jamais.

BUGG , *appuyant sur les mots.*

Vous rejetez encore ce moyen ! (*vivement.*) j'en ai d'autres, (*avec simplicité.*) mais ceux-là, vous n'en disposez plus, je n'ai pas besoin de votre consentement.

FÉLIBB.

Tout me semble préférable à l'idée de te voir périr pour moi.

BUGG.

Songez-y, maitre, il faut choisir entre ma perte et le désastre des vôtres ; (*ici la voix de Bugg devient plus forte, ses yeux s'animent, son regard est sombre.*) songez-y bien, vous m'êtes confié ; j'ai promis à la vertu, devant Dieu... que je protégerais votre tête tant qu'un souffle animerait ma misérable vie ; que jusqu'à la dernière heure, je vous ferais un rempart de mon corps, ma promesse est sacrée ; ou vous ne périrez pas , ou l'on nous fera de sanglantes funérailles.

FÉLIBB

Comment ?

BUGG.

Les Naturels se sont laissés vaincre sans combat, mais si les esclaves prennent les armes ! ils les prendront enfin ; un jour plutôt, qu'importe !

FÉLIBB, *avec réflexion.*

Comment, connais-tu leurs secrets desseins ? si tu ne les

pousse point à la révolte, et si tu es un des chefs, comment peux-tu, sans remords, travailler à la perte d'une population toute entière?

BUGG.

Je ne le veux pas, jeune homme, je ne le veux pas; c'est toi qui l'auras voulu; c'est toi qui me pousse, toi qui a laissé désarmer, jeter dans les fers des hommes que tu pouvais rendre invincibles.

FÉLIBB, *avec hésitation.*

Les captifs ont-ils péri?

BUGG, *froidement.*

S'ils avaient péri, la ville n'existerait plus... (*avec chaleur.*) La clémence momentanée du colonel, le sacrifice hypocrite qu'il fait à son amour, pour mademoiselle de Bermann, a retardé leur perte; mais demain ils auront cessé de vivre; tout est près pour leur supplice, je le sais, je l'ai vu, et leur mort sera le signal... Cette stupeur, dont la dernière mesure prise semble avoir frappé les nôtres, c'est le calme trompeur, effrayant qui précède la tempête: elle éclatera terrible; et pourquoi n'en pas prévenir les calamités inévitables? Sauvez-vous, sauvez-moi, sauvez la ville.

FÉLIBB.

Comment?

BUGG.

Dites un mot, et dix mille Javanais sont dans la place.

FÉLIBB.

Dix mille!

BUGG.

Avant une heure, où sera le régiment?

FÉLIBB.

Ah! Bugg, je ne devais pas écouter ton offre, je suis presque criminel, car un mauvais génie balançait le devoir dans mon cœur; la tentation est trop forte; pars, laisse-moi ma vertu.

BUGG.

Ta faiblesse, insensé! (*il lui saisit le bras.*) Ce bras que tu refuses d'armer pour une noble cause, ils le mutileront, s'ils restent les maîtres; et que dis-je! ce bras, c'est au cœur qu'ils en veulent. (*lui mettant la main sur la poitrine.*) Maître, c'est de là que viennent tous vos maux... elle vous aime, c'est l'arrêt de votre mort.

FÉLIBB, *nouvelle hésitation.*

Retire-toi... va-t'en... (*il le retient.*) Bugg, oui, va-t'en, et promets-moi...

BUGG.

Non, plus de promesse, je vous offre ma vie, vous n'en voulez pas, libre envers vous, je ne vous dois plus rien.

(*Il s'éloigne, puis revient précipitamment; Félibb lui tend les bras, il s'y jette, et tombe à ses genoux, en versant des larmes sur ses mains qu'il presse.*)

FÉLIBB.

Bugg! mon ami!

BUGG.

Quel est votre pouvoir sur moi? vous me faites faire comme un sacrifice, ce que j'ai résolu depuis nombre d'années; oui, il y a vingt ans que je rêve l'affranchissement de mes frères, il y en a trois que je le poursuis malgré tous les dangers, à travers toutes les affections de mon cœur, que je m'efforce de ne pas blesser. Vous seul m'arrêtez encore, pour vous seul je ferai l'abandon d'une vie que le but auquel je vais atteindre, doit me rendre précieuse: cette cause même, je suis prêt à la trahir pour vous. Je vous en conjure, si ce n'est pour vos intérêts propres, que ce soit pour celle qui vous a donné sa foi; l'infortunée, elle deviendra l'épouse de ce Hollandais féroce!

FÉLIBB, *avec feu.*

Son épouse! oh! sers ma fureur, viens! (*Il remonte la scène.*)

BUGG, *l'arrête.*

Que faites-vous? (*il lui montre les sentinelles.*) Ce n'est pas ainsi... (*Il veut l'entraîner dans la cabane.*)

FÉLIBB.

Non... retire-toi... mon bienfaiteur... je trahirais... (*sur le seuil, et repoussant l'offre de Bugg.*) Laisse-moi périr, et ne me déshonore pas!

(*Il se précipite dans l'intérieur, et ferme la porte sur lui.*)

SCÈNE III.

BUGG, *seul.*

Il m'échappe, la reconnaissance l'emporte sur son amour; qu'elle l'emporte encore un moment sur ma haine; c'est le dernier effort, aucun ne doit me coûter. Mon maître ne connaît pas l'amour de sa fille et de Félibb, c'est de moi qu'il l'apprendra... je supporterai son courroux, l'outrage même... pour le fléchir... Allons, esclave, va lutter contre l'orgueil d'un vieillard.

Voyons si le dévouement, les services, l'emporteront dans un cœur noble sur de faux préjugés. (*il va pour sortir.*) Que vois-je! deux femmes, l'une d'elle parle aux sentinelles, l'autre semble vouloir dérober son visage... on les laisse passer... elles approchent...

SCÈNE IV.

BUGG, CLARA, *en habit de Javanaise;* **SUSANNE,** *Javanaise.*

BUGG.

Mademoiselle de Bermann.

CLARA.

Soutiens-moi, Bugg, mes forces m'abandonnent; c'est trop d'émotions cruelles.

BUGG.

Quel est votre dessein?　　　　(*Elle s'assied.*)

CLARA.

Je viens voir Félibb, il est malheureux!

BUGG.

Votre père a donc bien voulu?

CLARA.

Je n'ai consulté que mon cœur.

BUGG.

Et quel prétexte pour arriver jusqu'ici?

CLARA.

Susanne a sollicité la permission de voir l'infortuné qu'elle a nourri.

SUSANNE.

A peine voulaient-ils nous l'accorder.

CLARA.

Moi, je l'accompagne comme l'amie de son enfance.

BUGG.

Et... quoi de nouveau?

CLARA.

Son arrêt de mort est signé.

BUGG.

J'en étais sûr.

CLARA.

L'acte d'affranchissement que le colonel demandait n'existait point...

BUGG.

Ou n'existe plus.

CLARA.

Coupable insouciance!

BUGG.

Félibb est esclave!

CLARA.

Et traité comme tel.

BUGG, *avec force.*

Il serait brûlé vif... ne le croyez pas.

CLARA, *se relevant subitement.*

Non, Bugg, je ne le crois point; une idée de M. Van-Bor m'a fait tout braver pour la communiquer à Félibb, tout, jusqu'à mon père.

BUGG, *à part.*

S'ils avaient sa générosité

CLARA, *à part.*

Le colonel m'offre sa grâce... mais à quel prix, le barbare! (*à Bugg.*) Où l'a-t-on enfermé?

BUGG, *montrant la cabane.*

Il est libre encore dans cette enceinte.

SUSANNE.

Nous allons le voir.

CLARA, *tremblant.*

O mon père, tu me pardonneras!

(*Bugg entre dans la cabane*)

SCÈNE V.

LES MÊMES, FÉLIBB, BUGG.

SUSANNE, *qui regardait.*

Le voici.

FÉLIBB, *apercevant Clara.*

Ange de bonté! (*moment de silence; à sa nourrice.*) Bonne Susanne, c'est à toi que je dois sa présence! tu n'as pas redouté pour toi-même...

SUSANNE.

Oh! je n'ai peur de rien, quand il s'agit de te servir.

BUGG.

A la bonne heure! Je ne vais qu'à deux pas... chez M. de Bermann; veille à ce qu'on ne les trouble point.

SUSANNE.

Sois tranquille.

BUGO, *à Félibb et à Clara dont il se rapproche.*

Je m'éloigne un moment, mais ne craignez rien, même absent. (*il prend la main de Félibb.*) J'ai plus d'amis invisibles pour vous défendre qu'ils n'auront jamais de sentinelles pour vous garder.   (*Il s'éloigne.*)

SCÈNE VI.

CLARA, FÉLIBB, SUSANNE, *un peu éloignée.*

(*Les sentinelles qui gardent l'enceinte, ne paraissent plus qu'à de longs intervalles.*)

FÉLIBB.

Ce n'est point une illusion vaine! c'est vous Clara! c'est votre main qui presse la mienne!

CLARA, *d'une voix émue.*

Oui, c'est moi, vous deviez m'attendre; au jour de l'infortune, vous deviez compter sur votre meilleure amie.

FÉLIBB.

De l'infortune! Il n'en est plus pour moi : vos consolantes paroles ont un charme, une vertu qui dissiperait la plus noire tristesse. Quelle idée de peine aurait prise encore sur un cœur que votre intérêt enivre! Oh! qu'ils viennent à cette heure, ceux qui veulent ma perte! Qu'ils apprêtent les plus horribles tortures, leur cruauté sera plutôt lasse que ma patience, et, tout plein de l'ardeur qui me transporte, je ne sentirai pas leurs coups.

CLARA.

Quelle horrible idée! Vous ne songez point à moi?

FÉLIBB.

Chère Clara!

CLARA.

Vous ne sentez pas que ma vie tient à la vôtre, Félibb, et voilà ce qui m'amène : mon père disait, et j'ose à peine le redire... Pourtant il y va de vos jours...

FÉLIBB.

Eh bien?

CLARA.

Mon père disait que si vous vouliez tenter auprès du major...

FÉLIBB.

M'humilier!

CLARA.

Non; mais vous excuser d'un premier mouvement...

Bugg.   5

FÉLIBB.

C'était une juste vengeance.

CLARA.

Songez...

FÉLIBB.

Demander grâce à l'insolent !

CLARA.

Si vous m'aimez...

FÉLIBB.

Si je vous aime !

CLARA.

Conservez-moi mon libérateur. Sauvez celui...

FÉLIBB.

Vous le voudriez au prix...

CLARA.

Au moins souffrez qu'on vous sauve : dites, Félibb, dites, consentez que mon père aille fléchir votre adversaire, vos ennemis, et fasse pour vous...

FÉLIBB.

Une bassesse ! ange du ciel ! Je ne mériterais plus cette tendre sollicitude, si je m'étais avili !...

CLARA.

Est-ce vous avilir que de me conserver un ami ? (*Elle lui prend la main.*) Je vous en supplie, ne m'abandonnez pas, Félibb ; je vous aime plus qu'une sœur... Enfin, s'il m'eût été permis de choisir un époux...

FÉLIBB.

Clara !... Moi !... Toutes les félicités du monde, tu viens de me les faire éprouver... Son époux !

CLARA, *avec confusion et douceur.*

A quoi vous décidez-vous ?... Irai-je dire à mon père....

(*Elle le regarde d'un air suppliant.*)

FÉLIBB, *après un moment d'hésitation.*

Tu m'élèves trop haut dans ma propre estime, pour que je consente jamais à rien de bas. Je serai digne de toi jusqu'au dernier soupir : je n'accepte point le pardon d'un Keller, d'un bourreau.

CLARA, *égarée par la douleur.*

Eh bien, oui, d'un bourreau ! Oui, c'est à tes jours qu'ils en veulent, et puisque tu es libre encore... Susanne te trouvera quelque retraite, et moi-même avec toi, toutes les privations, tous les dangers... je les préférerais à... (*Elle lui prend la main.*) Viens, partons.

(*Elle entraîne Félibb, dont les forces de résistance semblent épuiser*)

SUSANNE, *vient étonnée près d'eux.*

Que faites-vous ?

(*En ce moment les sentinelles reparaissent.*)

SCÈNE VII.

LES MÊMES, BUGG.

BUGG.

Tous ne sont-ils pas là, armés, voyez-les qui nous regardent ?

CLARA.

Malheureuse !

BUGG, *avec force.*

Oui, malheureuse ! En vain je m'écriais, à genoux devant votre père : Si vous voyez encore mes larmes, si vous entendez encore mes prières, c'est à Félibb que vous le devez ; si vous recevez encore les embrassemens d'une fille chérie, votre idole, c'est que son courage vous l'a conservée ; s'il n'eût prodigué son sang pour l'arracher aux insurgés, elle serait morte ; et vous laissez périr son sauveur ! ah ! seigneur ! maître ! maître !.. Il tremblait, il murmurait des paroles inintelligibles, il pleurait, son âme était vaincue, mais son orgueil ne l'était pas. Vieillard impitoyable !

(*Pendant que Bugg parle, Clara est restée les yeux fixés sur Félibb, qui presse sa main sur son cœur. Elle s'éloigne un peu lorsque Bugg a cessé de parler.*)

CLARA, *à part, les yeux au ciel.*

Il le faut, accomplissons le sacrifice. (*Bugg la regarde, et se place entre Félibb et Clara ; elle tire un papier de son sein.*) Voici qui le sauvera ; j'aurai ce courage ; je ferai le malheur de ma vie ; j'aurai payé ma dette, Félibb vivra et là haut un jour nous nous reverrons plus heureux.

BUGG, *et Félibb qui s'est approché de lui.*

On vient de ce côté. (*il regarde.*) C'est votre perfide ennemi, le major, qui visite les différens postes... (*à Clara.*) Suivez-moi, mademoiselle ; (*à Félibb.*) et vous, retirez, sa vue m'est odieuse.

CLARA, *désespérée, remettant à Susanne la prome se.*
Le lâche Keller! ah! je tremble; cours auprès du colonel.
Tiens, la vie de Félibb est là-dedans, vole.   (*Susanne sort.*)

Bugg repousse Félibb, qui tend encore les bras à Clara, et le
fait rentrer dans la cabane; il entraîne Clara, et disparaît.

SCÈNE VIII.

KELLER, UN SECRÉTAIRE.

(*Keller, pendant le jeu de scène précédent, s'est approché d'une*
sentinelle qui lui a présenté les armes, et du doigt lui indique
la cabane. Il prend la main du secrétaire qui l'accompagne.)

KELLER.
Non, la mort la plus infamante serait à peine une réparation
suffisante de l'insulte qu'il m'a faite.

LE SECRÉTAIRE.
Et l'on dit pourtant que le colonel a osé promettre sa grâce, si
mademoiselle de Bermann consent à l'épouser.

KELLER.
Oh! j'ai des hommes dont je dispose, et si Van-Streen.... (*il*
fait un geste de mort.)

LE SECRÉTAIRE.
Il vous pardonnera facilement une action dont il recueillera
tout le fruit. Félibb est un rival aimé, un prétendant redou-
table à l'héritage de l'oncle, si l'on en croit des bruits qui cir-
culent...

KELLER.
Et qui me demandera compte de la vie de Félibb?

LE SECRÉTAIRE.
Voici le colonel.

SCÈNE IX.

, KELLER, LE COLONEL, GARDES.

(*Il tient la promesse de Clara. Keller fait éloigner le secrétaire.*)

LE COLONEL.
Elle est vaincue enfin, cette dédaigneuse beauté! je viens de

recevoir sa promesse ; je vous cherchais pour vous faire part de mon bonheur.

KELLER.

Et de quel prix avez-vous payé la victoire ?

LE COLONEL.

De la liberté de Félibb et des captifs.

KELLER, *avec amertume.*

Et de Félibb ! vous m'aviez fait une autre promesse, mais les intérêts de l'amour ont fait oublier ceux de l'amitié.

LE COLONEL, *avec un sourire équivoque.*

Les captifs, on les relâchera, nous n'avons rien à craindre d'eux ; pour Félibb, (*en examinant Keller.*) il est convenu qu'il sera conduit à Bantam sur-le-champ, pour être embarqué. (*Keller fait un mouvement.*) C'est vous qui l'escortez avec Dupont, cet officier français, dont j'aurais déjà fait fléchir la fermeté hostile, sans la crainte du général, qui fait grand cas de sa bravoure ; cette circonstance m'offre un prétexte pour éloigner un désapprobateur qui commence à me peser.

KELLER.

Ainsi donc...

LE COLONEL, *donnant un papier à Keller.*

Voici qui vous justifiera de tout ce qui pourrait vous sembler utile. On va m'envoyer Dupont, je lui remettrai un ordre, il y trouvera l'injonction de rester à Bantam, à la tête du dépôt jusqu'à mon retour, et nous en serons débarrassés.

KELLER, *prenant l'ordre, et le regardant.*

Le but de mon voyage...

LE COLONEL, *hésitant à répondre directement.*

Est plus expressément, tout en surveillant l'escorte, de vous rendre auprès du général, d'obtenir et de m'apporter la permission de former dès demain l'union que je désire, et qui peut servir au bien général dans les circonstances actuelles, en amusant par des fêtes, et par une apparente tranquillité, ces têtes serviles, mais brûlantes, dont nous saurons bien faire justice plus tard.

KELLER, *toujours occupé de ses idées de vengeance.*

Et vous ne pensez pas que j'aie à craindre, en route, les scrupules du capitaine, si quelqu'événement nous forçait...

LE COLONEL.

Quels scrupules, si vous êtes prudent !... d'ailleurs vous êtes le maître... On désirait que Félibb reparût à Batavia, j'ai refusé formellement ; ce qu'il a bien fallu vouloir, pour ne pas faire crier à la cruauté ; c'est que le cher oncle veut l'embras-

ser encore une fois : comme ce sera la dernière, j'y consens.
Il serait bon peut-être qu'on entendît par précaution ce qu'ils
peuvent avoir à se dire. Dupont s'approche. (*il lui prend la
main.*) Nos intérêts sont toujours les mêmes, major, je n'ai pas
un moment oublié les vôtres, et je vous remets encore tous
les miens.

(Il lui donne la promesse de Clara.)

SCÈNE X.

LES MÊMES, DUPONT.

LE COLONEL, *à Dupont.*
Voici l'ordre pour l'exécution duquel je vous fais mander,
capitaine; vous allez conduire à Bantam le Javanais Félibb,
avec escorte; il sera embarqué sur un bâtiment partant pour
l'Europe; vous êtes sous le commandement du major, vous lui
obéirez en tout. *(Dupont prend l'ordre, et s'incline.)*

DUPONT.
Oui, colonel, en tout ce qui concerne mon service; je réponds du prisonnier sur ma tête jusqu'à l'embarquement.

LE COLONEL.
C'est bien. (*à un esclave.*) Dites au Javanais que M. Van-Bur
veut lui parler. (*à un autre.*) Qu'on avertisse M. le gouverneur.
(*Il fait un geste d'intelligence à Keller, et sort. On relève les sentinelles derrière lui; et deux hommes, seulement armés de
sabre, viennent se placer à côté de la cabane, de manière à ne
pas voir ce qui se passe au fond du théâtre. Ils ont les yeux
fixés sur Félibb. Pendant cette scène, le jour baisse.*)

SCÈNE XI.

KELLER, DUPONT, VAN-BUR, FÉLIBB.

(*Félibb entre en même temps que Van-Bur; il se précipite dans
ses bras; Keller et Dupont se tiennent à l'écart; celui-ci plus au
fond, et celui-là de façon à entendre.*)

VAN-BUR.
Mon ami, tu es libre.

FÉLIBB.
Libre, mon cher protecteur!

VAN-BUR.

Tu n'as plus rien à craindre, du moins.

FÉLIBB.

Qu'est-il donc arrivé?

VAN-BUR.

Tes amis...

FÉLIBB.

Ont obtenu justice?

VAN-BUR.

Tous... nous avons prié pour toi.

FÉLIBB.

Prié!... l'on me pardonne?

VAN-BUR, *lui serre la main fortement pour lui couper la parole, et regarde autour de lui.*

Réprime ces mouvemens impétueux qui ont déjà failli causer ta ruine. la moindre imprudence pourrait te replonger dans l'abî e, d'où notre tendresse a pu te tirer une fois.

DUPONT, *haut.*

Entre-t-il dans notre mission de les écouter, major?

KELLER.

Mais non.

DUPONT.

Tant mieux, c'est qu'il paraît que le gouverneur redoute l'ouïe fine de l'un de nous deux, car il nous examine, se met plus à l'écart, et se tait; si nous le laissions à son aise?

KELLER.

Nous ne devons plus perdre cet homme de vue.

DUPONT.

Soit, mais comme j'ai la vue longue, je vais toujours opérer un quart de conversion en arrière, libre à vous d'en faire autant.

(*Keller s'éloigne, mais de mauvaise grâce; Van-Bur, qui pendant ce dialogue, a amené Félibb lentement jusqu'au devant de la scène, opposé à celui qu'occupent les deux interlocuteurs.*)

FÉLIBB, *avec un mouvement d'impatience, mal déguisé.*

Je vous écoute.

VAN-BUR.

Je t'en supplie... on nous regarde... contiens-toi, je n'ai que peu de minutes à t'entretenir.

FÉLIBB.

Si je suis libre...

VAN-BUR, *hésitant.*

Une condition est mise à ta liberté.

FÉLIBB.

Une condition ! laquelle ?

VAN-BUR.

Promets-moi d'abord de l'accepter.

FÉLIBB.

Sans la connaître ?

VAN-BUR.

Puisque je suis chargé de te la transmettre , elle ne peut être déshonorante.

FÉLIBB.

Pardon, mon cher protecteur ; j'ai tant de droit de soupçon-ner, non de votre part... Dites , dites.

VAN-BUR.

Tu la subiras ?

FÉLIBB.

Si elle ne regarde que moi seul !

VAN-BUR.

Oui , toi seul.

FÉLIBB.

Eh bien ! cette condition ?

VAN-BUR.

C'est de quitter la Colonie, et de passer en Europe.

FÉLIBB.

De quitter... quand...

VAN-BUR.

Aujourd'hui même.

FÉLIBB.

Aujourd'hui !

VAN-BUR, *plus bas.*

Ton départ satisfait la loi ; ce portefeuille contient les titres des propriétés que j'ai déjà acquises en ton nom ; ta fortune est assurée.

(*Félibb , revenant de son accablement.*)

FÉLIBB.

Aujourd'hui ! (*il prend la main de Van-Bur.*) Mon bienfai-teur, avant tout , venez, conduisez-moi, que je parle à M. de Bermann , à sa fille.

VAN-BUR.

Je n'ai obtenu qu'avec peine pour moi-même, le bonheur de

t'annoncer ta délivrance, et de te serrer dans mes bras; mais Clara, mais son père... tous nos amis m'ont chargé...

FÉLIBB.

Je ne les verrais plus!

(Il se retourne vivement, égaré, fait quelques pas vers le fond; Keller et Dupont reparaissent.)

VAN-BUR, *l'arrêtant.*

Félibb, tu ne peux quitter cette enceinte que pour partir.

FÉLIBB.

Que pour partir! je ne pars point... c'est une combinaison odieuse, pour me priver de voir tout ce qui m'attache à la terre... c'est pour me frapper d'un coup plus cruel que le plus horrible trépas! Je suis tout-à-fait innocent ou tout-à-fait coupable; innocent, je veux justice pleine et entière; coupable, que les bourreaux fassent leur devoir.

VAN-BUR, *à l'écart, et dans la plus vive agitation.*

Écoute, Félibb, écoute sans m'interrompre. Si je te confiais le dépôt le plus cher, le plus précieux; si je te disais : il y va de ma vie qu'on le dérobe à la haine, à l'avidité de ceux qui veulent m'en priver, ce n'est que loin de ces lieux, ce n'est qu'en Europe qu'il peut être à l'abri, je te demande de l'y transporter, je l'exige de ta tendresse; le ferais-tu?

FÉLIBB.

Quoi! vous voulez...

VAN-BUR.

Oui, je veux que tu sauves une partie de moi-même.

FÉLIBB.

Expliquez-vous!

VAN-BUR.

Une jeune esclave que j'avais épousée en secret, venait de me donner un fils, lorsqu'un odieux rival parvint à jeter dans mon cœur des soupçons déchirans; dans ma fureur, sur de simples doutes, je détruis les titres qui déclaraient libre mon unique enfant; et la loi le considère maintenant comme esclave. Eh bien! ce fils, ma seule consolation, ce fils, victime de ma jalousie insensée, c'est le dépôt précieux que je te confie, qu'il faut transporter dans cette île.

FÉLIBB.

Ce fils?

VAN-BUR.

C'est toi!

FÉLIBB, *voulant le serrer dans ses bras.*

Mon p...

Eugg.   6

VAN-BUR, *lui mettant la main sur la bouche.*

Ce secret, s'il était connu, deviendrait le signal de la perte.
Un avide héritier, qui pensait seul... (*il voit Keller plus
près de lui.*) Félibb, c'est votre ami, votre bienfaiteur qui vous
en supplie, partez!

FÉLIBB, *avec une vivacité toujours croissante.*

Eh bien! oui, mon père; mais...

(*Van-Bur à ce mot de père, l'arrête encore.*)

KELLER, *à part, se promenant, ayant entendu, dit en s'en
retournant.*

Son père!... le colonel ne se trompait donc point?

FÉLIBB.

Mais ne point la voir!... Dites-moi, les Javahais, rien n'est-
il à craindre de leurs efforts?

DUPONT.

Monsieur le gouverneur, la nuit approche (*on entend sonner
une cloche.*) Vous entendez l'heure de la prière qui appelle les
esclaves dans la plaine (*on en voit passer quelques-uns sur la colline.*) Il serait temps...

SCÈNE XII.

LES MÊMES, BUGG, INDIENS *sur la montagne.*

FÉLIBB, *à Van-Bur.*

Pourquoi faut-il, qu'en partant, j'ai à trembler pour vous,
pour M. de Bermann, pour Clara.

(*On voit en cet instant Bugg qui attise du feu au pied du bananier
de la montagne.*)

KELLER, *avec ironie.*

Rien n'est à craindre pour celle qui va devenir l'épouse du
colonel; elle est sous sa protection immédiate.

FÉLIBB.

Son épouse! est-il vrai? (*à Van-Bur.*) Parlez, au nom du ciel!

VAN-BUR, *à Keller.*

Ah! Monsieur!...

FÉLIBB.

Et tout-à-l'heure... Mais c'est impossible, on nous trompe,
Clara! je n'en croirai pas...

KELLER, *avec une joie qu'il cherche à retenir.*

En croirez-vous sa main? (*il lui montre la promesse.*)

FÉLIBB, *la froissant dans ses mains.*

Elle, l'épouse du colonel!... elle a pu signer cet écrit!... la perfide!...

VAN-BUR.

Ne l'accuse point.... elle s'est immolée!...

FÉLIBB.

Ah! je n'accepte point, non...

VAN-BUR.

Mon fils!...

FÉLIBB.

Oh! mon père, vous êtes l'auteur de tous mes maux!

(*On a vu des Indiens plus nombreux se répandre sur la montagne ; on en voit se réunir derrière les arbres qui entourent la calane. Le bananier s'enflamme.*)

DUPONT.

Et d'où vient cette clarté subite?

A ce moment, de tous les côtés de la scene, du milieu des liannes, du haut des rochers, des Indiens se précipitent à l'improviste sur Keller, Dupont et les gardes, s'en emparent, ainsi que des deux sentinelles, avant qu'ils n'aient eu le temps de faire un mouvement.)

UN SOLDAT, *criant.*

Alerte!   (*Etonnement ; on entend des coups de feu.*)

VAN-BUR, *avec douleur.*

Encore une révolte.   (*Le bananier tombe avec fracas.*)

FÉLIBB, *à Van-Bur.*

Ah! mon père, venez!...

(*Au signe de Bugg, des Indiens enlevent Van-Bur, Félibb veut s'y opposer.*)

FÉLIBB.

Donnez-moi des armes!

BUGG, *lui prend la main.*

Je le sauve, et au nom de ta mère, je t'ordonne de rester près de moi.

(*Cris de victoire des Indiens qui couvrent toutes les hauteurs.*)

DUPONT.

Ces gaillards-là ne m'ont pas donné le temps de me mettre en garde.

BUGG, *aux siens.*

Que les deux pièces de canon soient placées sur la montagne.

DUPONT.

Belle artillerie, des pièces de quatre!

SCENE XIII.

LES MÊMES, EXCEPTÉ VAN-BUR, UN ESCLAVE, à *Bugg, lui*
apportant un billet.

L'INDIEN,

La ville est au pillage, le chef s'est enfermé dans le fort
avec une centaine de soldats.

BUGG.

On l'attaquera demain.

L'INDIEN.

On n'a point fait de prisonniers.

FÉLIBB.

Les barbares!

DUPONT, *examinant tout avec curiosité.*

Quels enragés! (*à Keller, voyant Bugg les regarder.*) A notre
tour, major; notre dernière campagne est faite; ici ou là, peu
importe, pourvu qu'on nous expédie avec les honneurs de la
guerre?

BUGG.

Nous avons la bouche du cânon pour ceux qui aiment l'o-
deur de la poudre. (*Un sourire amer éclate sur ses lèvres.*)

DUPONT, *sans être déconcerté.*

Eh bien, à la bonne heure! dépêchons; et je prie Dieu, mon
brave, qu'il vous en fasse bientôt trouver autant.

BUGG.

Votre ordre sur le compte de Félibb?

DUPONT.

Voici le mien. (*Il donne un papier; Bugg le prend et lit.*)

BUGG, *à Keller.*

Lui?

KELLER.

C'est le même.

BUGG.

Vous différez trop de caractère pour que l'on vous charge de
la même mission. Qu'on le fouille.

(*Des individus se précipitent sur lui et remettent à Bugg un papier.*)

BUGG, *les yeux étincelant de fureur.*

Tu avais mission de mettre à mort Félibb?

FÉLIBB.

A mort!

DUPONT.

Ah! major! ce n'est pas ainsi qu'un officier punit une insulte.

BUGG.

Qu'on le dégrade! c'est un lâche! qu'on l'emmène.

DUPONT.

Nous y voilà!

(Il va pour suivre Keller, Bugg l'arrête, deux noirs s'emparent de Keller et le font sortir.)

FÉLIBB, *vivement.*

Il est prisonnier de guerre.

BUGG.

Point de traité pour les assassins.

FÉLIBB, *d'une voix suppliante.*

Bugg!

BUGG.

Tu peux beaucoup sur moi, mais la vie de celui qui voulait ta mort!

FÉLIBB.

Je t'en supplie!

BUGG.

Tu ne l'obtiendras pas. (*Bugg lève sa hache; un coup de canon part.*) Justice est faite!

DUPONT.

Et prompte, diable!

BUGG, *à Dupont.*

Quant à vous, capitaine, dès ce moment vous êtes libre, (*il lui rend son épée.*) et si votre chef veut reconnaître nos droits, nous sommes prêts à traiter; voilà ce que je vous charge de lui rapporter.

DUPONT.

Mon Brave! une simple observation! Comment voulez-vous que le général s'entende avec des révoltés?

BUGG, *réprimant un mouvement de violence.*

Révoltés! contre leurs oppresseurs!

DUPONT.

Oui, mais...

BUGG.

Mais ne perdons pas un temps précieux; bonne ou mauvaise, votre mission est moins dangereuse qu'un plus long séjour ici. J'ai confiance en votre honneur, dites ce que vous avez vu, ce que vous savez, ce que nous voulons. (*Il détache son collier.*) A l'abri de ce collier, qui vous protégera, partez. Le trajet par mer est plus court et plus sûr; venez dans douze heures, vous le pouvez, et la vie de plusieurs milliers d'hommes se rattache à la célérité de votre course.

(Grand mouvement des Indiens, Javanaises, enfans accourant.))

FÉLIBB, *avec anxiété.*

Quel dernier malheur?

L'INDIEN.

Les débris de la compagnie du faubourg traversent la plaine en bon ordre, on demande le signal de l'attaque.

FÉLIBB.

Par pitié ne le donne point.

BUGG.

Qu'on leur livre passage jusqu'au fort, s'ils se tiennent sur la défensive...

L'INDIEN.

M. de Bermann et madame de Spoor sont au milieu d'eux.

BUGG.

Quiconque ferait tomber un cheveu de leur tête le paierait de tout son sang. Préviens-en les nôtres, et que la compagnie hollandaise connaisse mes volontés. *(l'Indien s'éloigne. à Dupont)* Au revoir, capitaine. *(à Félibb.)* Viens.

(Au moment où Dupont, déjà sur la gauche, va disparaître, et pendant que les Indiens se mettent en mouvement, on entend battre le tambour; la compagnie hollandaise paraît sur la montagne au fond, l'arme haute, prête à faire feu à la première attaque. À l'aspect des blancs, les noirs et les Javanais brandissent leurs armes, et sont prêts à s'élancer en fureur sur la compagnie qui couche en joue les naturels.)

Arrêtez!

(Les Indiens obéissent à sa voix et à son geste.)

Qu'on le dise aux chefs, le meurtre et l'incendie seront punis de mort, je le jure!

(Les Hollandais reprennent leur marche; les Indiens se groupent autour de Félibb, et la toile baisse sur ce tableau.)

FIN DU DEUXIÈME ACTE.

ACTE III.

Le Théâtre représente les montagnes voisines de la ville; le fort avec ses bastions, à droite du spéctateur, vu du second plan jusqu'à la mer qui s'étend dans le lointain; au milieu du pan de mur du fort, qui donne sur la mer, est une petite porte fermée, à dix pieds d'élévation; au-dessous, une po'erne dont la herse en est fermée; plus, vers la terre, au milieu des rochers qui font la base du fort, une excuvation étroite en forme de grotte, dans laquelle pénètre la mer; à gauche, une masse de rochers qui s'avance sur la mer.

SCÈNE PREMIÈRE.

(La plaine est couverte d'objets, de butin, des canapés, des meubles de luxe, des étoffes précieuses jettées çà et là; des coiffures de bal que les nègres ramasssent, et dont ils s'affublent en dansant de joie; d'autres s'étendent sur les canapés en poussant des éclats de rire; d'autres sont couchés à terre et se reposent; d'autres brisent les instrumens de leurs travaux journaliers, s'embrassent, se félicitent, et témoignent leur ivresse par des cris mille fois répétés.)

SCENE II.

BUGG, FÉLIBB, TROUPE RÉGULIÈRE D'ESCLAVES.

BUGG, *aux chefs.*
J'avais ordonné qu'on épargnât le sang des Hollandais; vous avez arrêté ceux qui ont desobéi à mes ordres; qu'on les fasse paraitre.

(Un peloton de garde Indienne régulière va se placer sur la pointe du rocher à gauche, un autre peloton conduit des révoltés désarmés.)

Bugg à l'un d'eux : Est-ce toi qui a brulé l'habitation du gouverneur ?

L'ESCLAVE, *vivement.*

Oui, maître.

BUGG.

Va mourir.

(L'esclave comme anéanti de cet ordre inattendu, demeure immobile un moment. Bugg fait un geste impérieux, l'esclave s'incline, et se rend sur la colline.)

Bugg aux autres : Et vous tous... malgré mes ordres, vous avez égorgé des Hollandais sans défense... suivez ses pas.

(Ils sortent et se réunissent sur la colline ; Bugg leve la main ; une décharge part , ils tombent dans la vallée.)

BUGG.

Le camp est transporté à Saint-Jean.

TOUS.

A Saint-Jean !

(Les Javanais défilent régulierement devant Bugg ; un peloton demeure sur la pointe du rocher, tout le reste disparait, accompagné d'une foule de femmes et d'enfans qui dansent.)

SCÈNE III.

FÉLIBB, BUGG.

(Le peloton de noirs qui est resté sur les rochers s'éloigne peu - à- peu , et disparait de la vue des spectateurs pendant cette scene.)

FÉLIBB.

Quel homme es-tu donc, toi, dont la sévérité impose, commande et fait obéir ? Tu demandes qu'ils meurent, ils se soumettent sans murmurer.

BUGG.

Oh ! ma sévérité peut atteindre quelques individus ; mais la masse... Tout puissant pour déchaîner les passions, je suis sans force pour les retenir. C'est vous qui pouviez établir, sans excès, la liberté ; l'occasion a été perdue, les choses prennent leurs cours, et vous voilà forcé de suivre le torrent.

FÉLIBB.

Forcé! ma volonté n'est-elle donc plus à moi?

BUGG.

Vous pousse-t-elle à me quitter? faudra-t-il vous compter au nombre de mes ennemis? vous, Félibb, dont je viens encore, hier, et ce n'est point un reproche, de sauver les jours.

FÉLIBB.

Que t'importaient les jours d'un malheureux?

BUGG.

Que m'importaient? tu ne sais pas tout ce que j'ai fait pour toi... on s'attache par les services qu'on peut rendre; je t'aime, je t'aime de l'affection la plus vive... la plus puissante; ta première enfance s'est écoulée dans mes bras... ta malheureuse mère....

FÉLIBB,

Tu l'as connue?

BUGG.

Oui, et nulle autre main que la mienne n'essuyait ses larmes, lorsqu'abandonnée, souffrante, te pressant sur son cœur, elle versait des pleurs. (lui montrant le rocher.) Là!... tristement assise à la pointe de ce roc... où deux arbustes réunis par mes soins, indiquent encore la place où je l'ai depuis déposée moi-même.

FÉLIBB.

Quoi, c'est là... ô ma mère!...

(Il s'incline.)

BUGG.

J'étais devenu son seul protecteur, son unique soutien; moi, misérable esclave alors; et le jour qu'elle rendit à Dieu son âme innocente et pure, j'étais là, seul, pour lui fermer les yeux. Bugg, me dit-elle, avant de me quitter pour jamais, il n'a plus que toi au monde, ce pauvre enfant, qu'il devienne le tien! j'ai promis, et toutes les faveurs qui sont venues appaiser les chagrins de ton enfance, ne m'ont point empêché de veiller plus attentivement sur tes jours, que tes protecteurs les plus zélés.

FÉLIBB, attendri.

Mon ami...

BUGG.

Oui, ton ami, si tu es reconnaissant, combats à ses côtés pour une noble cause; si tu es ambitieux, partage avec lui le commandement.

FÉLIBB.

Mais puisqu'il connaît ma naissance, il sait bien, cet ami dévoué, que je ne puis combattre contre mon père.

Bugg.

7

BUGG.

Que dis-tu ?

FÉLIBB.

Le gouverneur m'a tout découvert.

BUGG.

Tout ! lorsqu'il ne pouvait plus rien pour toi... mais t'a-t-il dit que son affreuse jalousie avait été la cause de la mort de ta mère ?

FÉLIBB.

Oui.

BUGG.

T'a-t-il dit, que dans son injuste fureur, il avait livré, pour être la proie des flammes, tous les titres, tous tes droits à la liberté.

FÉLIBB.

Il me l'a dit.

BUGG.

Et que plus tard, son inutile repentir ne s'était borné qu'à te prodiguer de vaines caresses, sans songer même à te rendre ce qu'il t'avait fait perdre ?

FÉLIBB.

Il m'a tout avoué : sa peine, son oubli, ses remords, et j'ai senti que je lui pardonnais sans peine, et que c'était avec toute la tendresse d'un bon fils, que je le serrais dans mes bras.

BUGG.

Eh bien ! j'ai rempli toutes mes promesses, j'ai voulu te faire partager l'honneur de délivrer tes frères... oui, tes frères ; Zaïde était affranchie, ton origine est la nôtre.

FÉLIBB.

Et pour effacer cette origine, il faut devenir meurtrier, incendiaire ? ah ! je n'envie point cette triste gloire ; non, Bugg, je donnerais encore pour toi, ma vie ; tes soins pour ma mère, que je connais seulement d'aujourd'hui, peuvent à peine ajouter à mon attachement... mais pour la dernière fois, je ne marcherai point dans vos rangs.

BUGG, *avec indifférence.*

Je n'insiste plus, j'aime trop ma liberté, pour attenter à la tienne.

FÉLIBB.

Ame généreuse !

BUGG, *fait signe à un esclave, et paraît lui donner des ordres, l'esclave sort.*

Je vais te réunir à ton père, que j'avais mis sous la sauvegarde de ses propres Indiens, qui adorent sa bonté. Vous gagnerez par mer la ville de Portnomgis, c'est l'unique moyen de vous placer à l'abri de tout malheur.

FÉLIBB.

Mais Clara? M. de Bermann?

BUGG.

Ils vous rejoindront bientôt, je me charge de les arracher au désastre.

YÉLIBB

Le pourras-tu?

BUGG.

Oui.

FÉLIBB, *lui montrant le fort.*

Examine donc quels obstacles...

BUGG.

Par Susanne, j'ai des intelligences qu'on ne pourra surprendre, dans cette place qu'on croit inabordable; si j'avois voulu donner l'assaut sur-le-champ, tous ces ouvrages hérissés d'artillerie seraient à moi; j'aurais dit aux miens:en avant. Les premiers morts eussent servi de marche-pied aux autres, et dix mille cadavres seraient autant de degrés pour dix mille soldats qui planteraient notre drapeau sur le rempart.

FÉLIBB.

Ah! que deviendraient nos amis au milieu de pareilles horreurs!

BUGG.

Ce serait une victoire bien chèrement achetée... le sang de nos seuls ennemis doit abreuver maintenant cette terre; et si les amis n'étaient point au milieu d'eux, dix barils de poudre, secrètement enfouis sous ces rochers, auraient déjà fait disparaître jusqu'à la trace de ces constructions odieuses... monumens honteux de notre servitude...

YÉLIBB.

Voici mon père.

SCÈNE IV.

LES MÊMES, VAN-BUR, *entouré de ses esclaves, qui refusent de s'en séparer.*

FÉLIBB.

Ne craignez rien pour lui.

(*Les esclaves s'éloignent.*)

VAN-BUR.

Mon fils, je te revois encore, mais avec qui, grand dieu!....
pouvait-on supposer de sa part... (*montrant Bugg.*) L'horrible
tentative...

BUGG, *montrant Félibb.*

Sans ce que j'ai fait, existerait-il? (*Van-Bur se cache la
tête dans les mains.*) Encore!... ce mot seul pourrait répondre
à d'injustes reproches, il fallait le sauver; mais avant de le
quitter je veux faire plus. Son titre de fils, ses droits de citoyen,
qu'un père a pu vouloir détruire, qu'on a cru la proie des
flammes....

VAN-BUR.

Eh bien!

BUGG, *à Félibb.*

Bugg te les a conservés.

VAN-BUR.

Il se pourrait!

BUGG, *les remettant.*

N'envie plus rien à ces blancs que tu me préfères, malgré
leur injustice cruelle. Prends, je te fais leur égal selon leurs lois,
redeviens légitime et libre, voilà mon dernier bienfait.

FÉLIBB, *sur son sein.*

Qu'entends-je! Clara! je serai digne de ton amour! Ah mon
second père, tu me donnes plus que la vie!

VAN-BUR, *avec un vif mouvement de reproche.*

Eh! pourquoi m'avoir dérobé si long-temps ce secret?

BUGG.

Lorsque je le vis naître au milieu de nous, adoré de nos frères,
dans l'idée de le mettre à la tête d'une révolution inévitable, je
ne parlai jamais à personne du dépôt que je conservais. Aujour-
d'hui que toutes mes tentatives ont été vaines, je veux qu'il me
doive encore tout ce qui peut faire son bonheur, (*à Van-Bur.*)
le vôtre, et si je vous parais coupable de vous l'avoir fait attendre si long-temps, ce n'est pas vous qui pourrez m'en refuser
le pardon.

(*Il se met à genoux devant Van-Bur.*)

VAN-BUR, *le relevant.*

Te pardonner, quand tu me rends un fils! Ah! viens, soyez
tous les deux sur mon cœur! (*à Bugg.*) Pourquoi faut-il qu'en
bénissant ton généreux dévouement, je ne puisse t'arracher au
sort que tu te prépares?

BUGG, *reprenant sa tranquillité.*

Le sort de tous dépend de la réponse qu'on peut m'apporter.

On entend d'abord du côté du fort une musique douce qui paraît éloignée.

VAN-BUR.

Penses-tu l'aveugler sur les périls où tu te jettes?..

BUGG

Ne songez qu'aux vôtres, partez.

(*On entend le rappel lointain de tambour qui se mêle au son de la musique.*)

VAN-BUR.

Tu rêves une victoire incertaine.

BUGG.

N'est-elle pas déjà remportée? Je ne rêve plus qu'à en arrêter les excès, ne perdez pas de temps, vos fidèles Indiens rameront pour vous.

(*Le canon, par volées se joint au tambour; ils écoutent. Au tambour, au canon, se mêlent l'harmonie d'une musique militaire qui semble se rapprocher.*)

FÉLIBB.

Que veulent dire ces accords,.. ce bruit... j'éprouve un frisson involontaire. (*les éclats augmentent.*) Mon cœur bat... un funeste pressentiment... (*Bugg réfléchit.*) Bugg, que penses-tu?

BUGG, *réfléchissant toujours.*

Que Susanne tarde bien...

Il s'approche jusqu'à l'excavation en forme de grotte ouverte au bas des flots.)

FÉLIBB, *avec étonnement.*

Susanne!

BUGG, *à lui-même.*

A moins que les vagues s'élevant jusqu'à la voute... n'aient arrêté son audace...(*Félibb et Van-Bur plus surpris, le considèrent.*) Elle eût plongé plutôt!...

FÉLIBB.

Par grâce, instruis-nous.

(*Bugg avançant la main et l'oreille comme un homme dans l'attente.*)

BUGG.

Chut! (*moment de silence.*) J'entends la rame... oui...

FÉLIBB.

Qu'est-ce?

BUGG, *l'interrompant.*

Oui... paix!... la voilà!

SCENE V.

LES MÊMES, Mme DE SPOOR, SUSANNE.

(Un canot sort de l'excavation dont l'entrée doit être si peu élevée, que Madame de Spoor et Susanne sont presque couchées.)

BUGG, *s'écriant.*

Madame de Spoor!

VAN-BUR.

Ma sœur!

FÉLIBB.

Mon amie!

(Bugg l'aidant à sortir du canot, elle peut à peine se soutenir, ses habits sont trempés.)

BUGG.

Dans cette obscurité profonde, à travers les inégalités de la roche... vous avez hasardé...

Mme DE SPOOR.

Ah! nous devions être brisées... englouties... sans l'aide du ciel... un moment j'ai senti la mort... la voute tout-à-fait basse touchait mes cheveux, tandis que l'eau gagnant la barque, baignait mon visage. (*elle s'appuie sur eux.*) Ah! j'ai peine à retrouver mes sens!...

BUGG, *se tournant vers Susanne.*

Quel pressant danger?

SUSANNE, *l'arrêtant.*

Entendez-vous les cloches... le tambour?....

Mme DE SPOOR.

Son sort est fixé...

FÉLIBB.

De qui, le sort?

Mme DE SPOOR.

Malgré ses justes refus, malgré les efforts de son père, mes vives remontrances, que j'allais payer cher, peut-être, sans cette bonne Susanne... la pauvre enfant, on va la traîner, en victime, à l'autel.

FÉLIBB.

A l'autel!...

Mme DE SPOOR.

Elle va devenir, avant une heure, l'épouse du colonel.

FÉLIBB.

L'épouse du colonel!

SUSANNE.

Oui, maître.

Mᵐᵉ DE SPOOR.

Tout ce qu'on a pu lui dire... le barbare, avec un sourire amer et perfide, répond que c'est pour braver la fureur des révoltés, qu'il s'occupe, presqu'en leur présence, et malgré leurs menaces, des apprêts d'une fête... d'une solennité!

FÉLIBB, *serrant la main de Bugg, et d'une voix attérée.*

Entends-tu, Bugg?

BUGG.

Oui.

Mᵐᵉ DE SPOOR.

Elle est anéantie, la pauvre enfant!... elle demande qui la sauvera.

FÉLIBB, *toujours à Bugg.*

Qui la sauvera?

Mᵐᵉ DE SPOOR.

Elle ne survivra point à son malheur.

(*Elle tombe la tête appuyée sur le bras de son frère.*)

VAN-BUR.

Ma sœur! elle est mourante, elle-même!

SUSANNE.

Attendez, je vais la conduire...

BUGG.

Reste là; qu'on la mène à la case... (*à des esclaves de Van-Bur.*) Donnez-lui tous vos soins. (*à Félibb qui trépigne d'impatience et de rage.*) Et vous?...

FÉLIBB, *avec fureur.*

Nous... (*il se contient.*) Mon père, n'abandonnons pas votre sœur, notre amie, dans cet état; elle a besoin de votre secours.

(*Il le conduit hors la scène, et revient.*)

SCÈNE VI.

BUGG, FÉLIBB, ESCLAVES ARMÉS.

FÉLIBB.

Non, Clara, non, ce ne sera pas la mort qui terminera ton

supplice, ce sera moi qui l'empêcherai. (*il approche de Bugg qui le considère avec attention.*) Bugg, mon ami, mon sauveur, j'ai rejeté tes offres, j'ai repoussé ta tendresse; j'accepte tout, maintenant; j'embrasse ta cause. (*il jette les papiers que Bugg lui a remis.*) Je foule aux pieds tous les titres qui m'en séparent... Viens, guide-moi jusqu'au fort, ordonne un assaut imprévu... donne-moi des hommes; interrompons cette odieuse fête... que le lâche trouve la mort aux pieds des autels qu'il ose profaner, sous les yeux de celle qu'il m'enlève!... Bugg, prends pitié de ma douleur, de mon désespoir, de ma rage!...

BUGG.

Mais, écoute, d'abord.

FÉLIBE.

Je ne puis rien écouter... Ordonne seulement à tes troupes de marcher sur mes pas; attaquons, terminons d'un coup, la querelle.

BUGG.

Mais, tu périras, malheureux... tandis que l'artillerie, dans quelques heures...

FÉLIBE.

C'est trop tard, on va me la ravir à l'instant... L'assaut, ou la mort! il faut vaincre, ou périr!... je t'en supplie! (*il tombe à genoux.*) Chaque instant qui s'écoule détruit mon existence!...

BUGG.

Tu le veux?...

(*Il prend une trompe, et en donne un coup; le son est répété d'écho en écho, par plusieurs autres trompes qui retentissent dans le lointain, à des intervalles différens. Le canon du fort continue à tirer, la cloche à sonner, la musique militaire cesse, l'on entend battre aux champs.*)

FÉLIBE.

Grand dieu!

(*Il parcourt la scène en furieux.*)

BUGG.

Susanne!

SUSANNE.

Me voilà.

BUGG.

Susanne, il faut retourner.

SUSANNE.

Je pars.

BUGG.

Que ta maîtresse et son père ne quittent point la chapelle; je

saurai faire respecter cet asile; reviens, s'il le faut, mais en les
prévenant.

SUSANNE.

Je les préviendrai.

(Elle se jette dans le canot; les nègres arrivent de tous côtés en armes.)

BUGG, *aux premiers chefs armés.*

Que toute la troupe du Nord se porte sur la forteresse, on
donne l'assaut... Que ceux qui chercheront asile dans la chapelle soient respectés; la mort à quiconque désobéirait! Félibb
est mon lieutenant... (*ils se pressent autour du jeune homme qui
a demandé des armes.*) Suivez Félibb.

FÉLIBB.

Le temps s'écoule, marchons!

(Les Indiens le suivent; les sons de trompes se multiplient.)

BUGG, *à d'autres chefs.*

Veillez sur lui... qu'on l'entoure... écartez les coups qui le
menaceraient; ici, je le servirai mieux qu'à ses côtés...Je diri-
gerai les masses qui nous arrivent.

(Il ramasse les papiers que Félibb a foulés aux pieds.)

SCÈNE VII.

*(Des troupes de Javanais défilent rapidement, et se dirigent vers le
fort; le tocsin se fait entendre, on bat la générale, et bientôt, la canonnade de guerre succède aux éclats de fête; Bugg
dirige vers un même point, tous les Indiens qui arrivent successive-
ment; plusieurs chefs le suivent; à droite, sur la pointe du roc, d'où
il donne ses ordres, ses divers mouvemens doivent prendre assez de
temps pour amener le commencement d'un combat; l'artillerie du fort
tonne avec grand bruit, les révoltés y répondent par des coups de
fusils; ils poussent des cris.)*

SCÈNE VIII.

BUGG, UN INDIEN.

L'INDIEN.

Maître, au secours de Félibb; les nôtres tombent par centaine autour de lui; bientôt, ils seront tous anéantis.

*(Bugg sonne de la trompe, on voit de nouvelles troupes s'avancer,
elles arrêtent les fuyards qui traversent le théâtre en fuyant.)*

BUGG.

Au combat, amis!

(Les fuyards restent immobiles, et paraissent effrayés.)

Eh! quoi, la peur vous emporte? retournez, misérables!

(Ils hésitent ; Bugg tire son sabre.)

Suivez-moi, venez défendre votre chef, ou je vous fais donner, sous mes yeux, la mort que vous fuyez lâchement!

(Les Javanais relèvent leurs armes, et se précipitent sur ses pas. On entend, de nouveau, l'artillerie du fort, mais, bientôt elle ne tire plus que des coups isolés.)

SCÈNE IX.

LE COLONEL, CLARA, UN SECRÉTAIRE.

(La petite porte du fort s'ouvre, le colonel y paraît, tenant d'une main son épée, et soutenant, sur le bras gauche, Clara évanouie.)

LE COLONEL.

Les voilà maîtres des premiers ouvrages... hâtons-nous; c'est Clara, qu'ils veulent, ils ne l'auront pas... Descends le premier, lève la herse, arrête la barque, gagnons Bantam, et nous sommes sauvés.

SCÈNE X.

LES MÊMES, BERMANN, puis, FÉLIBB, ESCLAVES.

(Bermann paraît, son épée brisée à la main, trois Indiens s'attachent à lui, et vont l'immoler ; Félibb arrive avec sa hache, met le premier en fuite, renverse le second brise la tête du troisieme, et entraîne Bermann, à la vue d'autres esclaves armés qui arrivent.)

SCÈNE XI.

LES MÊMES, BUGG.

(Le secrétaire, pendant cet incident, a levé la herse, a avancé la barque, il a pris Clara des mains du colonel, et l'a fait descendre,

appuyée sur son épaule. *Bugg, un fusil à la main, et suivi d'un Indien, arrive en scène.*)

BUGG.

Plus de crainte, tout va bien.

(*Il regarde du côté de la mer, et voit Clara, déjà dans la barque, où
la place le secrétaire, et Van-Streen, prêt à descendre auprès d'elle*)

Van-Streen!... c'est lui que je voulais.

(*Il s'élance vers le rocher, se jette à la mer, atteint la barque, pousse
violemment le secrétaire qui tombe dans les flots, et dit à Clara*)

Ne craignez rien.

(*Il pousse l'esquif en mer, fait signe à son esclave qui, de la pointe du
rocher où il est resté en vedette, ajuste le colonel, déjà au milieu du
chemin; le coup part, le colonel tombe sur les marches de la poterne.*)

SCÈNE XII.

LES MÊMES, VAN-BUR, Mᵐᵉ DE SPOOR.

(*Ils sont entourés des esclaves de leur habitation, obligés de les défendre
contre les attaques d'autres esclaves qui semblent vouloir les arracher
des mains de ceux qui les protègent. Félibb amène Bermann.*)

BERMANN, *lui tenant la main.*

Le ciel te destine donc toujours à me défendre.

Mᵐᵉ DE SPOOR.

C'est Félibb, ah! nous sommes sauvés!

VAN-BUR.

Oui, c'est mon fils.

FÉLIBB, *désespéré.*

Mais, Clara?

VAN-BUR.

Ma fille.

BUGG, *accourant de derrière le rocher, et tenant Clara dans ses
bras.*

C'est moi qui vous la rend.

FÉLIBB.

Clara!... (*à Bugg.*) Toujours, toujours des bienfaits nouveaux!

BUGG, *à Clara.*

Vous aviez signé la promesse d'épouser un parent du gouverneur... (*se retournant vers Bermann.*) il n'a plus d'autres
parent que Félibb, je me suis établi l'instrument de sa vengeance...

SCÈNE XIII.

TOUT LE MONDE, DUPONT, *revenant par mer, dans une barque hollandaise.*

BUGG.

Le capitaine Dupont.

(*Il s'avance vers Dupont, lui donne la main pour l'aider à quitter la barque; et l'amène.*)

Il m'a tenu parole, honneur au brave Français!

(*Tous les naturels sont répandus, les uns sur la pointe du rocher, les autres sur le rempart. Van-Bur, Hermann, madame de Spoor et Clara, sont à gauche; Bugg amène Dupont près d'eux, avec Félibb, les naturels ne peuvent les entendre.*)

(*à demi-voix.*) Quelle réponse?

DUPONT, *bas.*

Grâce pleine et entière aux rebelles, s'ils livrent leur chef, Bugg, s'ils rendent les armes à la première sommation.

FÉLIBB.

Malheureux!

BUGG.

Continuez...

DUPONT.

Justice prompte et sévère de leurs persécuteurs, s'ils viennent la demander dans les formes convenables.

BUGG.

Enfin...

DUPONT.

Guerre à mort aux esclaves armés jusqu'à l'extinction de la révolte.

BUGG.

C'est tout?

DUPONT.

En ma qualité de parlementaire, oui; mais en ami, si vous voulez, deux mots de conseil; allez-vous jeter aux pieds du gouverneur, ou fuyez.

BUGG.

Pourquoi?

DUPONT.

Demain, un corps de troupes sort de Bantam, et marche sur Batavia; pendant l'attaque des nouveaux arrivés, le colonel fera, du fort, une sortie.

BUGG, *froidement.*

Le fort est à nous.

DUPONT.

A vous?... et le colonel?

BUGG.

A la mer.

DUPONT.

Diable, vous avez mené çà chaudement! en service régulier, pareille action compterait double pour l'avancement; mais ici, cela vous recule.

BUGG.

Nous n'avons plus de grâce à espérer.

FÉLIBB, *à lui-même.*

Et c'est encore moi.

BUGG.

Nous ne prétendons à aucune. (*il montre aux Javanais groupés au fond.*) Parcourez toutes les campagnes, que les fers de tous les esclaves soient brisés.

(*Les Javanais, pour obéir a cet ordre, se dispersent avec de grands cris. Les esclaves de M. de Van-Bur restent en scène.*)

DUPONT.

Joli façon d'arranger les affaires!

BUGG, *revenant aux blancs ses amis.*

Les naturels, tout entiers à leur existence nouvelle, ne s'occupent plus de vous; que la barque du parlementaire vous dérobe au ressentiment de ces hommes qui rendraient dangereux l'enivrement du succès.

(*M. Van-Bur, madame de Spoor, le capitaine Bermann, Dupont, sa fille, se dirigent vers la barque.*)

BUGG, *revenant à Félibb.*

L'amour, la nature t'indiquent le port que tu dois suivre. Je te rends à toi-mêmeu... adieu.

FÉLIBB, *l'embrassant.*

Mon ami!   (*Bugg l'aide à entrer dans la barque.*)

BUGG.

Garde mon souvenir.

TOUS.

Toujours...

(*La barque s'éloigne.*)

(Pendant tous ces jeux de scène, on a vu le colonel, atteint d'un coup de feu par l'Indien compagnon de Bugg, retrouver assez de force pour regagner, à l'aide des pointes de rockers, la porte ferrée de la forteresse. Il s'est emparé d'un fusil hollandais abandonné dans la poterne.

BUGG , *venant en scène au milieu des siens.*

Mon sort est de régénérer cette terre, j'en ai l'assurance. Un jour viendra que l'olivier de la paix fleurira sur le sol de Batavia.

(A peine il achève ces paroles, qu'il tombe frappé d'une balle. Le colonel, du haut de la forteresse, a encore eu la force, avant d'expirer, d'ajuster le malheureux Africain. Bugg porte la main sur son cœur.)

Je suis blessé...

(Il chancelle et tombe dans les bras des siens.)

A mort... je le sens... Vous recueillerez le fruit du sacrifice. *(à son Indien.)* Mais qu'avant mon trépas, je voie s'écrouler ces remparts, dernier asile d'oppression; va, ne perds pas une minute, remplis la tâche que je m'étais réservée... donne le signal.

(L'Indien monte sur le rocher, et tire un coup de pistolet, un autre lui répond.)

Nos amis sont sauvés, nos frères sont libres, ma mission est remplie.

(A ce moment on entend une explosion terrible, le fort miné saute, et retombe en débris. Des Javanais et des Hollandais arrivent de toutes parts. Les uns sont désarmés par les Hollandais; d'autres paraissent vainqueurs des Hollandais. La toile baisse sur ce tableau.)

FIN.

NOTA. Pour les représentations en province, on n'a besoin que d'avoir un salon au premier acte. Une forêt au second. Un fond de mer, avec un fort praticable, au troisième.